캔바로 만드는
나만의 브랜드

비즈니스를 위한 효과적인
브랜딩, 마케팅, 소셜 콘텐츠 제작

캔바로 만드는
나만의 브랜드

이지은 옮김　로라 굿셀 지음

i!i
에이콘

에이콘출판의 기틀을 마련하신 故 정완재 선생님 (1935-2004)

열정, 꿈을 이루고자 열심히 일하는 소규모 사업주들을 위한 책이다.
어떤 작은 도움이라도 된다면 나는 목표를 이룬 것이다.
이 책을 읽고 즐기고 모든 그래픽과 마케팅 자료를 만드는 데
요긴하게 사용해 비즈니스에 도움이 되길 바란다.

- 로라 굿셀 Laura Goodsell

비즈니스 디자인 아카데미 브랜드의 온라인 작업을 통해 영국에 몇 없는 캔바 전문가 중 한 명인 로라 굿셀을 알게 됐다. 캔바 크리에이터 앰버서더라는 자리는 그녀의 전문성과 글로벌 디자인 소프트웨어 회사가 보내는 신뢰를 보여준다. 이 책에서 로라는 자신만의 시각적인 브랜드를 만드는 여정을 독자와 함께한다. 아이디어 단계의 기본부터 디지털 자산, 이미지, 소프트웨어를 최대한 활용할 수 있는 팁까지 전체를 다룬다.

또한 따라 하기 쉬운 단계별 가이드를 제공해 자신만의 전문적인 이미지와 그래픽을 만들 수 있으므로 당신과 당신의 비즈니스가 눈길을 끌게 만들 수 있을 것이다. 비즈니스 멘토로서 내 고객에게 캔바를 추천하곤 하는데, 특히 예산이 없거나 직접 작업하고 싶은 사람에게 적합하다. 이 책은 효과적으로 플랫폼을 사용할 수 있도록 기술과 지식, 자신감을 줄 것이다.

비즈니스를 위한 필수 요소(로고 디자인, 소셜 미디어 디자인, 인쇄를 염두에 둔 디자인) 제작부터 캔바 내의 생산적인 툴 사용법에 대한 전문적인 팁과 저자의 충고까지, 해당 분야에서 눈에 띌 수 있게 도움을 주는 브랜드와 이미지를 만들 수 있으며 자신감을 키우고 더 나은 브랜드를 디자인할 수 있을 것이다.

캔바 기술과 지식을 쌓을 뿐 아니라 디자인과 브랜드를 쉽고 간편하게 만드는 방법을 배우고 비즈니스를 빠르게 구축하며 가시성을 높일 수 있다. 이는 오늘날의 비즈니스 세계에서는 필수적이다.

앰버서더 로라 굿셀과 함께 자신의 디지털 재산과 브랜드 개발자가 돼 이미지를 만들고 비즈니스를 구축해보길 바란다.

— 재닌 프리스턴Janine Friston/여성 비즈니스 네트워크의 설립자이자 CEO

2020년, More Than Just Mum Coaching and Mentoring을 시작했을 때부터 나는 캔바를 사랑했다. 일상과 비즈니스를 위해 거의 매일 캔바를 사용했으며, 나의 멤버십 프로그램에서 목표 보드와 그 외 소셜 미디어 그래픽, 개인적 행사를 위한 포스터, 워크북, 고객 유인을 위한 홍보물, 목표 추적 일지, 직접 제작해 아마존에서 판매하는 연간 플래너, 프레젠테이션 등의 다른 많은 디자인을 만들 때 정기적으로 캔바 앱을 사용했다. 모든 일에 캔바를 사용하고 있는 것이다.

소셜 미디어를 주로 사용하는 생활 코치 겸 비즈니스 멘토로서 고객을 늘리기 위해 그리고 고객을 격려하고 의사소통을 하려면 캔바와 같이 빠르고 사용하기 쉬운 앱이 중요하다.

30대 중반까지 나는 창의적인 사람이 아니었다. 캔바가 나에게서 새로운 버전의 창의력을 이끌어냈다. 나는 역동적이면서 브랜드에 맞는 그래픽 만들기에 열정을 쏟고 있는데, 이는 모두 캔바를 통해 얻은 효과다.

로라는 2020년 친구의 추천으로 알게 됐다. 그때부터 서로의 비즈니스를 지원했고 그녀는 언제나 도움을 줬다. 또한 로라는 캔바의 기본 회원인 여성들을 돕고자 나의 멤버십 프로그램에 게스트 세션을 제공했다.

지난 몇 년 동안 나는 로라가 소셜 미디어를 통해 그녀의 브랜드와 비즈니스를 구축하고, 수백 혹은 수천의 소규모 사업주가 부수입을 올리거나 템플릿과 요소 생성을 통해 새로운 비즈니스를 만드는 것을 돕는 것을 지켜봤다. 더 최근에는 멤버십 프로그램을 구성하고 모든 레벨과 도전 과제, 일대일 코칭, 캔바 라이브러리를 위한 그래픽 강의를 만들었다.

그녀는 캔바를 사용해 무엇이든 할 수 있는 전문가다. 커뮤니티를 통해 많은 가치를 제공하고 지원하며 캔바에 대해 놀랍도록 많은 지식을 갖고 있다.

로라는 이 책에서 캔바를 사용하는 단계별 가이드를 제공한다. 매일 사용하는 사용자로서 나도 꽤 잘 사용하고 있다고 생각하지만 여전히 미래의 시간과 에

너지를 아끼기 위한 팁과 간단한 요령을 배우고 있다. 그러므로 스스로 캔바를 안다고 생각하더라도 이 책을 읽어보기를 적극 추천한다.

이 책은 요약과 함께 여러 장으로 나뉘어 있어 따라 하기 쉽다. 또한 각 단계에서 관련 스크린샷을 제공하며 내용을 간결하게 정리했다. 바쁜 두 아이의 엄마로서 나는 간결함을 가장 좋아한다.

나처럼 캔바를 꽤 잘 사용한다고 생각하더라도 지금 바로 투자하기를 적극 권한다.

이 책을 통해 여러분은 시간과 돈을 절약할 수 있게 될 것이다.

로라는 캔바에 대한 전문가이며, 여러분도 나처럼 이 책을 좋아하길 바란다.

― 해더 팰프리먼 Heather Palfreyman / 여성들이 일상과 경력 또는 사업에서 잠재력을 발휘해 성장하거나 확장할 수 있게 지원하는 More Than Just Mum Coaching and Mentoring의 창업자

| 옮긴이 소개 |

이지은(wizand@gmail.com)

정보 컴퓨터 공학을 전공하고, 2007년 모바일 브라우저 개발을 시작으로 SaaS 마켓 운영, 통신사 서버 운영 및 검증, 데이터 모델링 업무를 수행했다. 현재는 정보 시스템 감리 업무를 수행 중이다. 웹과 신기술에 관심이 많고 현재는 데이터 모델링 및 분석에 흥미를 느끼고 있다. 『모바일 인터랙션 디자인』(정보문화사, 2015), 『개발자도 알아야 할 안드로이드 UI 디자인』(에이콘, 2017) 등 8권의 IT 서적 번역에 참여했다.

IT 관련 업무를 수행하면서 작은 앱부터 큰 시스템까지 개발 기술 못지 않게 많이 강조되는 부분이 UI다. 아무리 훌륭한 기능이더라도 사용하기 불편하거나 사용자의 시선을 붙잡지 못한다면 결국 외면 당하기 때문이다. 콘텐츠도 마찬가지다. SNS를 많이 사용하는 편은 아니지만 가끔 확인할 때면 엄청나게 많은 콘텐츠가 눈앞에 흘러간다. 이때 스크롤을 멈추고 살피는 콘텐츠는 몇 개에 불과하다.

한 번쯤 스크롤을 멈추게 만드는 콘텐츠는 전문가의 작품이리라 여겼는데, 이 책을 통해 캔바라는 플랫폼을 알게 되면서 꼭 전문 디자이너가 아니더라도 만들 수 있을 것 같다는 생각을 했다. 요즘은 광고뿐 아니라 개인적으로 또는 업무상의 의사소통에도 SNS나 디지털 콘텐츠를 많이 활용한다. 이 책에서 소개하는 디자인 플랫폼을 사용해보면 자신의 필요에 맞는 디자인을 직접 만들어 활용할 수 있을 것이다.

| 지은이 소개 |

로라 굿셀 Laura Goodsell

영국에서 활동하는 수상 이력이 있는 캔바 디자인 코치이자 캔바 크리에이터 앰버서더다. 소규모 사업주가 비즈니스를 위해 캔바를 활용해 예산에 맞는 브랜드 그래픽을 만들 수 있게 지원한다. 또한 디지털 제품이나 템플릿과 요소 생성을 통해 간접 소득을 만드는 방법을 가르친다. 여성의 디지털 세계 접근을 장려하는 데 열정을 쏟고 있다.

사업은 소규모 사업주가 단순한 디자인을 만들 수 있도록 도움을 주는 것을 기본으로 한다.

강의나 과제를 만들고 비즈니스 그룹을 훈련시키고 책을 저술하고 캔바의 템플릿이나 요소를 만드는 등 디자인 기반의 서비스에 초점을 맞춰 소셜 미디어에서 가시성을 키움으로써 비즈니스를 돕는 것을 목표로 한다.

이 책을 쓰는 과정에서 지원을 아끼지 않고 격려해 준 사람들에게 감사를 전한다. 특히 내가 꿈을 이룰 수 있게 지원하고 격려해 주는 나의 파트너 제임스에게 감사한다. 지원과 격려를 보내주신 부모님, 멋진 사람으로 옆에 있어준 나의 아이들 올리브와 알피에게 모두 감사를 전하고 싶다. 변치 않고 매일 나의 영감이 돼 주기를...

나오미 존슨 _{Naomi Johnson}

자영업을 하는 디지털 디자이너이면서 비디오 크리에이터다. 목표는 개인 사업자에게 적정한 가격으로 제품 기반의 디자인과 서비스를 제공하는 것이다. 그리고 이를 단순하게 만들고 수입을 증가시킬 수 있도록 훈련을 제공한다. 완전히 독학으로 여행 잡지, 플래너, 노트북의 전통적인 형식뿐 아니라 디지털 형식의 디자인에 대한 전문성을 갖췄다.

| 차례 |

1부 – 시작하기, 템플릿, 기능

2부 – 브랜드 생성과 디자인 팁

| 들어가며 |

캔바를 사용하고 브랜드를 구축하며 비즈니스를 위한 그래픽을 일관성 있고 훌륭하게 만들 수 있도록 도움을 주는 책이다. 그렇다면 캔바란 무엇일까? 그리고 왜 캔바를 사용해야 할까? 캔바는 몇 년 만에 큰 인기를 끈 그래픽 디자인 플랫폼으로, 능력과 상관없이 누구나 디자인을 제작할 수 있게 하는 것이 목표다. 업무용과 개인용의 수많은 디자인을 만들 수 있는 플랫폼인 캔바는 데스크톱과 모바일 앱에서 사용할 수 있으며 사전에 제작된 템플릿을 사용하거나 백지부터 디자인을 시작할 수 있다. 동영상과 이미지를 편집할 수 있고, 애니메이션을 만들거나 소셜 미디어의 콘텐츠 게시를 예약하고 업무를 위한 프레젠테이션을 제작할 수 있다. 당신의 비즈니스 성장을 위해 점점 더 많은 앱이 캔바에 통합돼 더 유연하고 넓은 범위를 제공한다. 무엇보다도 캔바는 다루기 쉽고 사용하기 재미있는 시각적 플랫폼이다.

⁝⁝⁝▶ 이 책의 대상 독자

자신의 브랜드를 만들거나 소셜 미디어를 완벽하게 만들고 예산에 맞춰 마케팅 자료를 만들고자 새로운 고급 기술을 알고 싶은 디자이너 지망생, 소셜 미디어 관리자, 가상 조수, 서비스 기반의 비즈니스 그리고 캔바를 다뤄본 기본적인 경험이 있는 1인 기업가에게 적합하다. 캔바의 무료 계정을 설정하고, 템플릿을 사용해 기본적인 디자인을 생성하고, 이미지나 텍스트 상자를 추가하고, 글꼴의 색상을 변경하는 방법 등 캔바의 기본적인 내용은 알고 있다고 가정하지만 필수는 아니다.

⋮⋮⋮ 이 책의 구성

1장, 데스크톱과 모바일 캔바의 환경 설정에서는 캔바의 개념과 플랫폼을 설정하는 방법, 무료와 프로 계정의 차이점, 처음부터 구조적으로 관리하기 위한 폴더 생성 방법을 알아본다.

2장, 템플릿 탐색과 편집에서는 캔바의 템플릿을 찾아서 사용하는 방법을 소개한다. 또한 백지부터 시작하는 방법도 알아본다.

3장, 요소와 이미지 사용을 위한 도구와 기능에서는 요소와 배경의 사용 방법을 알아보고 디자인 내의 이미지에 사용할 수 있는 모든 편집 도구를 소개한다.

4장, 유용한 기능으로 눈길을 사로잡는 그래픽 디자인에서는 눈길을 사로잡는 놀라운 디자인을 만들 수 있도록 캔바의 유용한 기능을 사용하는 방법을 알아본다.

5장, 브랜드를 위한 환상적이고 생산적인 도구 탐색에서는 브랜드를 살펴보고 만드는 방법 그리고 자신의 브랜드를 만들고자 필요한 것을 알아보고, 캔바의 브랜드 키트에서 자신의 브랜드를 설정한다.

6장, 전문가 느낌의 디자인 만들기 핵심 노하우에서는 따라 할 수 있는 5개의 튜토리얼을 제공해 배경, 그리드, 프레임, 색상, 이미지, 텍스트와 차트에 대해 이해하고 사용할 수 있게 한다.

7장, 알아야 할 5가지 그래픽 디자인 원칙에서는 보기 좋은 디자인을 만드는 데 도움을 주는 디자인 원칙을 개략적으로 알아본다.

8장, 완벽한 로고 디자인에서는 로고와 보조 로고를 만드는 방법을 보여주고 로고 내 요소의 사용법을 알아본다.

9장, 캔바로 만드는 소셜 미디어 그래픽 디자인에서는 소셜 미디어와 비즈니스에서 사용할 수 있는 5가지의 서로 다른 그래픽을 만드는 방법을 알아본다.

10장, 비즈니스 마케팅에서의 동영상과 애니메이션 활용에서는 비즈니스의 필요에 맞게 캔바 내에서 동영상과 애니메이션을 사용하는 방법을 알아본다.

11장, 디자인 다운로드와 공유에서는 비즈니스에서 사용할 수 있도록 디자인을 다운로드하고 공유하는 방법을 살펴본다.

12장, 인쇄를 위한 팁과 트릭에서는 캔바 또는 외부 프린터를 통해 디자인을 인쇄하고, 도서 디자인을 위한 여러 페이지의 문서를 생성하는 방법을 알아본다.

⁞⁞ 이 책의 활용 방법

이 책을 최대한 잘 활용하려면 캔바의 기본 요소를 이해하고 무엇을 위해 캔바를 사용하는지 알고 있는 것이 가장 좋다.

어쩌면 이미 캔바의 무료 계정을 설정하고 템플릿을 사용해 기본적인 디자인을 생성할 수도 있을 것이다.

이미지와 텍스트 상자를 추가하고 글꼴의 색상을 변경하는 방법도 알고 있을 수 있지만 그 이상으로 더 많은 것을 배우기를 기대할 것이다.

이 책에서 다루는 소프트웨어/하드웨어	운영체제 요구 사양
캔바 플랫폼	모든 운영체제 지원 인터넷 연결 필요 컴퓨터, 노트북, 태블릿에 최적
캔바 프로	프로 기능을 모두 사용하려면 캔바 프로를 구독해야 한다.

무료 계정에서 사용할 수 있는 콘텐츠를 최대한 포함시키려 노력했으나 일부 내용에서는 캔바의 프로 계정이 필요하다. 3장에서 살펴보는 배경 제거 도구 또는 대다수의 스마트 목업 도구가 그 예다. 다른 프로의 요소와 이미지도 프로 계정이 필요하다.

이 책을 마친 후에도 지속적으로 캔바를 사용해 그래픽을 생성하고 비즈니스를 발전시키길 바란다. 캔바 사용자를 위한 지지와 조언이 가득한 무료 페이스북 그룹(www.facebook.com/groups/createoncanva)에서 여러분을 환영할 것이다.

컬러 이미지 다운로드

이 책에 사용된 그림과 다이어그램의 컬러 이미지가 포함된 PDF 파일은 팩트출판사 웹사이트(https://packt.link/sVTuR) 혹은 에이콘출판사의 도서정보 페이지(http://acornpub.co.kr/book/design-build-canva)에서 다운로드할 수 있다.

편집 규약

이 책에서는 몇 가지 유형의 텍스트를 시용한다.

새로운 용어나 중요한 단어 또는 메뉴나 대화상자와 같이 화면에서 볼 수 있는 단어는 고딕체로 표시한다. 예를 들면 다음과 같다.

"공유 버튼을 클릭한 다음 공유 옵션을 클릭한다."

NOTE

> 경고와 중요한 노트는 이와 같이 나타낸다.

TIP

> 팁과 요령은 이와 같이 나타낸다.

고객 지원

독자의 의견은 언제나 환영한다.

오탈자: 내용을 정확하게 전달하고자 최선을 다했지만 실수가 있을 수 있다. 이 책에서 문제점을 발견했다면 출판사로 알려주길 바란다. 팩트출판사의 오탈자 신고 페이지(http://www.packtpub.com/submit-errata)에서 해당 책을 선택하고 Errata Submission Form 링크를 클릭한 다음 발견한 오류 내용을 입력하면 된다. 한국어판의 정오표는 에이콘출판사의 도서정보 페이지(http://www.acornpub.co.kr/book/design-build-canva)에서 볼 수 있다.

저작권 침해: 인터넷에서 어떤 형태로든 팩트출판사 서적의 불법 복제물을 발견하면 해당 주소나 웹 사이트의 이름을 알려주길 바란다. 의심되는 불법 복제물의 링크를 copyright@packtpub.com으로 보내주면 된다.

문의

이 책과 관련해 질문이 있다면 questions@packtpub.com으로 문의하길 바란다. 한국어판에 관한 질문은 에이콘출판사 편집 팀(editor@acornpub.co.kr)이나 옮긴이의 이메일로 문의하길 바란다.

1부

시작하기, 템플릿, 기능

캔바 Canva 에서 그래픽 작업을 시작하기 전에 몇 가지 사전에 준비해야 할 것이 있다. 이 준비를 통해 시간을 절약하고 플랫폼을 더 쉽게 사용할 수 있으며 그래픽을 통한 업무의 일관성을 유지할 수 있을 것이다. 여기서는 캔바의 데스크톱 환경과 바쁜 사업주를 위해 휴대할 수 있는 모바일의 그래픽 작업에 아주 유용한 모바일 환경을 설정한다. 또한 이미 제작돼 있는 캔바의 템플릿을 편집하고 사용하는 방법, 처음부터 스스로 만드는 방법, 보기 좋고 일관성 있는 템플릿을 만들 수 있는 다양한 도구와 기능의 사용법을 알아본다.

1부는 다음과 같은 장으로 구성된다.

- 1장. 데스크톱과 모바일 캔바의 환경 설정

- 2장. 템플릿 탐색과 편집

- 3장. 요소와 이미지 사용을 위한 도구와 기능

- 4장. 유용한 기능으로 눈길을 사로잡는 그래픽 디자인

01

데스크톱과 모바일 캔바의 환경 설정

캔바는 누구나 사용할 수 있고, 특히 작은 사업을 하는 사업주에게 아주 훌륭한 플랫폼이다. 1장에서는 캔바의 계정 설정 방법을 알아보고 최선으로 사용할 수 있게 무료 버전과 프로 버전 사이의 주요 차이점을 살펴본다. 또한 모바일과 데스크톱 플랫폼의 차이와 캔바의 소셜 미디어 스케줄링 도구인 콘텐츠 플래너를 살펴본다.

1장에서 다루는 내용은 다음과 같다.

- 캔바란?
- 무료 버전과 프로 버전의 차이
- 캔바 계정 설정
- 캔바 모바일 버전
- 콘텐츠 플래너를 사용해 콘텐츠 게시 일정 예약
- 정리를 위한 폴더 설정

1장을 마칠 때면 캔바 계정의 설정을 완료한다. 체계적인 디자인을 위해 폴더를 생성하고 모바일과 데스크톱 버전의 차이점을 이해한다. 그리고 콘텐츠를 만들고 콘텐츠의 일정 관리에 대해 알아본다.

기술적 요구 사항

1장을 학습하려면 데스크톱 컴퓨터나 노트북이 필요하다. 그리고 모바일 버전을 보고 싶다면 스마트폰이 필요하지만 필수는 아니다. 또한 인터넷이 연결돼 있어야 하지만, 디자인 경험이 필요하지는 않다. 캔바는 누구나 이용 가능하게 제작돼 연령대나 재능과 상관없이 캔바를 사용할 수 있고 캔바로 디자인을 만들 수 있다.

누구나 아름다운 디자인을 만들 수 있다는 점이 인기 있는 플랫폼이 된 이유다.

캔바란?

캔바는 끌어 놓기(드래그앤드롭)을 사용해 디자인을 만들 수 있는 디자인 플랫폼으로, 수많은 이미지와 요소, 글꼴, 도형, 템플릿을 포함하고 있다. 대다수는 무료로 사용할 수 있지만 전체를 이용하려면 프로 계정을 구독해야 한다.

소셜 미디어의 디자인, 책 표지, 달력, 일정표, 티셔츠 디자인, 포스터 등을 만들 수 있다. 캔바에는 모든 종류의 디자인에 대한 크기가 정의돼 있으므로 그저 크기를 선택하고 적당한 템플릿을 선택하면 디자인을 얻을 수 있다. 템플릿과 요소는 프리랜서 디자이너와 캔바의 디자이너가 만들었다. 캔바는 다목적 플랫폼이고 이는 곧 웹사이트, 데스크톱 앱, 모바일 앱에서 모두 사용할 수 있고 연동되므로 일상에서 쉽게 디자인을 할 수 있다는 의미다.

캔바가 무엇인지 그리고 계정을 설정하는 데 필요한 것을 알았으니 이제 사용할 수 있는 계정의 유형과 유형 간 차이를 알아보자.

무료와 프로 버전의 차이

캔바의 계정은 무료와 프로의 두 종류가 있다. 무료는 무료로 누구에게나 열려 있는 계정이고 곧바로 디자인을 할 수 있도록 많은 기능을 지원한다. 프로 계정은 캔바를 매일 사용하기를 원할 만큼 유용한 기능을 포함해 모든 것의 사용을 허용하는 유료 계정으로, 프로의 요소와 템플릿으로 사용할 수 있다. 프로 계정의 가격은 이 책을 쓰고 있는 현재 월간 16,600원 또는 연간 129,000원이다 (www.canva.com/ko_kr).

캔바 무료 버전의 장점

다음은 캔바 무료 버전의 장점이다.

- 25만 개 이상의 템플릿
- 방대한 양의 무료 사진과 삽화
- 5GB의 클라우드 저장 공간
- 제약 없는 폴더
- 100개 이상의 디자인 스타일: 소셜 미디어 게시물, 포스터, 초대장, 배너 등

캔바 프로 버전의 장점

다음은 캔바 프로 버전의 장점이다.

- 캔바 프로 버전에서는 무료 버전의 모든 것과 추가로 다음을 사용할 수 있다.

- 디자인의 크기 변경을 위한 크기 조정 기능

- 610,000개 이상의 템플릿과 매일 추가되는 새로운 디자인

- 100만 개 이상의 그림, 동영상, 오디오와 삽화

- 완벽한 브랜드 키트^{brand kit} 전체 사용

- 제약 없는 폴더

- 100GB 클라우드 저장 공간

이제 캔바 계정을 설정하는 방법을 살펴본다.

캔바 계정 설정

캔바 계정(이미 있을 수도 있는)을 설정하려면 다음의 단계를 따른다.

1. 컴퓨터나 태블릿으로 www.canva.com에 접속한다. 거기서 그림 1.1과 같은 화면을 볼 수 있다(www.canva.com/ko_kr 화면으로 연결된다).

그림 1.1 캔바 메인 화면

캔바의 무료 계정으로 가입하거나 프로 버전의 30일 트라이얼 버전을 시작할 수 있다. 트라이얼 버전을 살펴보기 전에 먼저 무료 계정을 생성해 플랫폼에 익숙해지기를 추천한다.

2. 다음으로 우측 상단의 **가입** 버튼을 선택하면 그림 1.2의 화면이 나타난다.

그림 1.2 캔바 가입 화면

원하는 가입 방법을 선택한다. 이메일로 계속하기를 선택해 이미 갖고 있는 이메일 주소를 사용하기를 추천한다. 그러면 비밀번호 화면으로 넘어가 계정을 위한 보안 비밀번호를 생성할 수 있다. 어떤 이메일 주소를 사용했고 비밀번호를 생성했는지 잊어버리지 않도록 주의해야 한다.

3. 이제 새로운 계정의 설정을 위해 캔바의 홈 화면으로 이동했다. 화면은 그림 1.3과 같다.

그림 1.3 로그인 이후 캔바 홈 화면

계정을 새로 생성하고 로그인을 했다면 이제 왼쪽에는 어떤 메뉴가 있는지 그리고 아래로 스크롤해 중간의 검색 상자 아래의 영역은 무엇인지 살펴보고 홈 화면에 익숙해지는 것이 좋다. 디자인을 하는 동안 이 화면을 자주 보게 될 것이다. 자세한 기능은 나중에 살펴볼 것이니 걱정하지 말고 지금은 새로운 디자인 플랫폼을 흥미롭게 살펴보기 바란다.

다음은 웹사이트와 잘 동작하도록 캔바 모바일 버전의 환경 설정과 사용법을 살펴본다.

캔바 모바일 버전

대다수의 사람이 매일의 일상과 업무에서 데스크톱 컴퓨터 이상으로 스마트폰을 사용한다. 따라서 이 앱을 설정하는 것도 아주 중요하므로 여기서는 캔바의 모바일 앱을 살펴본다. 데스크톱/웹 버전의 캔바에서 디자인, 업로드, 이미지, 브랜딩을 할 때와 같은 로그인 정보를 사용할 수 있다. 따라서 데스크톱에서 만든 모든 것을 폰의 모바일 앱으로 이용할 수 있다.

모든 기능이 모바일 앱으로 넘어가는 것은 아니므로 약간의 차이가 있다. 가장 확실하게 차이가 눈에 보이는 부분은 화면 크기다. 컴퓨터와 데스크톱 화면에서 더 많이 볼 수 있고 더 복잡한 프로젝트를 디자인할 수 있다. 모바일을 사용하면 작은 화면의 제약이 있지만 디자인이나 스케줄을 다운로드하거나 소셜미디어에 실시간으로 업로드하기 더 적합하다.

캔바 모바일 앱을 다운로드하려면 애플의 앱 스토어나 안드로이드의 구글 플레이 스토어에 접속한다. 종종 페이지의 상단에 광고처럼 표시되기도 한다. 캔바를 선택하고 캔바 로그인 정보를 사용해 로그인한다.

그림 1.4 캔바 구글 플레이 스토어 화면

폰에서 열면 다음과 같은 화면을 볼 수 있다.

그림 1.5 캔바의 모바일 홈 화면

데스크톱 버전과 모바일 버전의 캔바는 다음과 같이 약간의 차이가 있다.

- 메인 메뉴는 왼쪽이 아니 아래쪽에 있고, 디자인 생성 버튼은 작은 보라색 원형 버튼으로 아래쪽의 중앙에 위치한다.

그림 1.6 모바일 버전의 메인 메뉴

- 디자인할 때 모든 템플릿 기능을 위쪽이 아닌 아래쪽을 따라 배치한다.

그림 1.7 모바일 버전의 디자인 기능

- 디자인 작업 중에 기능을 사용하려면 왼쪽 아래의 보라색 원을 선택해, 여기서 요소들을 사용할 수 있다. 모든 페이지를 함께 보려면 화면 오른쪽 아래의 사각형 안에 숫자가 표시되는 흰색 원을 선택한다.

그림 1.8 모바일 버전의 생성 버튼과 모든 페이지 보기 버튼

전체적으로 서로 매우 비슷하지만 화면의 크기로 인한 차이가 존재한다.

모바일 버전은 이동 중이나 디자인을 빨리 확인해야 할 때 훨씬 더 좋을 수 있으므로 이를 위해 폴더를 만들고 정리하는 방법을 살펴본다.

⠿ 정리를 위한 폴더 설정

캔바의 계정을 만들었고 모바일 버전을 어떻게 사용하는지 알았으니 다음으로 정리를 해야 한다. 프로젝트 탭에서 폴더를 생성해 디자인을 업무나 가정생활의 일부로 정리하거나 최근 디자인을 볼 수 있고 업로드한 모든 콘텐츠를 볼 수 있다. 프로젝트 탭은 왼쪽 메뉴의 홈 탭 아래에 있다.

프로젝트 페이지의 영역 순서는 다음과 같다.

- 최근

- 폴더

- 디자인

- 이미지

- 동영상

다음의 화면처럼 보일 것이다.

그림 1.9 데스크톱 버전의 캔바 프로젝트 탭

페이지를 아래로 스크롤하면 업로드했거나 만들었던 콘텐츠를 볼 수 있다. 이 페이지가 모든 작업을 볼 수 있는 가장 좋은 메뉴이고 계정의 중심점이다.

폴더 생성

계정에는 이미 다음과 같은 3개의 폴더가 있다.

- **구입 항목:** 프로 구독 외의 구매 항목

- **별표 표시됨:** 좋아하거나 나중에 사용하기 위한 요소나 이미지 저장 항목

- **업로드 항목:** 이미지나 동영상을 포함해 계정으로 업로드한 모든 항목

프로 버전과 무료 버전 모두는 앞에서 언급한 이미 생성돼 있는 3개의 폴더를 포함해 폴더를 제한 없이 사용할 수 있고 원하는 대로 이름을 정의할 수 있다. 다음의 지시에 따라 폴더를 만들 수 있다.

1. 오른쪽 위의 십자가 버튼을 클릭한다. 그러면 **새 항목 추가** 메뉴가 나타난다.

그림 1.10 데스크톱에서 새 폴더 생성

2. 폴더 아이콘을 클릭한다.

3. 새로운 폴더 이름을 입력한다.

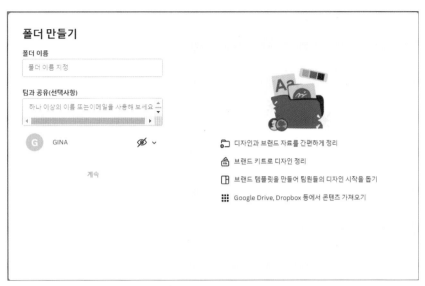

그림 1.11 폴더 이름 입력

팀을 만들지 않았다면 두 번째 옵션은 무시하면 되고 여기서는 연습을 위해 기본적인 폴더 생성만 살펴본다.

4. 아래쪽의 **계속** 버튼을 선택한다.

5. 이제 페이지의 **폴더** 영역에 폴더가 추가됐고, 옆에 보이는 3개의 점으로 표시된 버튼을 클릭하거나 폴더를 선택해 사용자에 맞게 변경할 수 있다.

그림 1.12 폴더 설정 변경

폴더 이름 옆의 별표 표시를 선택해 별표가 노랗게 바뀌면 새로운 폴더를 최상위 레벨로 사용할 수 있다. 이제 왼쪽의 메뉴에 나타난다. 모든 사용자가 이 기능을 사용할 수 있고 원하는 만큼 많은 폴더를 만들 수 있다. 구조화를 위해 하위 5단계까지 폴더를 생성할 수 있다.

그림 1.13 별표로 최상위 레벨의 폴더 생성

마지막으로 폴더의 옵션에서 팀원과 폴더를 공유할 수 있게 설정할 수 있지만 그전에 캔바 계정에 팀원을 설정해야 한다. 팀 외부 사람들과는 공유할 수 없다.

그림 1.14 팀원과 폴더 공유

지금까지 캔바가 무엇인지 어떻게 사용하는지 그리고 데스크톱과 모바일에서 계정을 어떻게 설정하는지, 2가지 캔바 계정의 차이는 무엇인지 알아봤다. 폴더를 사용해 디자인들을 체계적으로 정리하는 방법도 살펴봤다. 다음은 콘텐츠 플래너를 살펴본다.

⠿ 콘텐츠 플래너를 사용해 콘텐츠 게시 일정 예약

캔바의 콘텐츠 플래너는 소셜 미디어를 사용하고 일정을 정리하는 사용자에게 아주 훌륭한 기능이다. 이 기능을 사용해 캔바 내에서 여러 소셜 플랫폼의 게시물을 생성하거나 게시 일정을 예약할 수 있다. 콘텐츠를 소셜 미디어에 올리고자 또 다른 앱이나 웹사이트에 로그인할 필요가 없다.

메인 메뉴의 앱을 선택하면 **콘텐츠 플래너** 메뉴를 볼 수 있다. 이는 프로 기능의 일부이므로 무료 버전의 사용자는 사용할 수 없다. 하지만 30일 무료 트라이얼 버전이라면 내용을 살펴보고 이후 사용 여부를 고민하자.

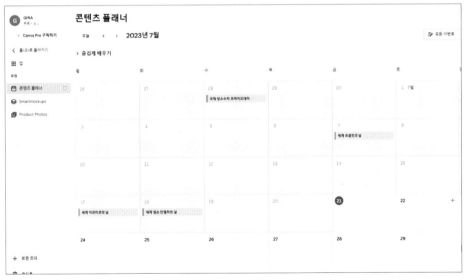

그림 1.15 캔바의 콘텐츠 플래너

콘텐츠 플래너는 달력처럼 출력된다. 위쪽의 버튼으로 월을 변경할 수 있고 예정된 게시 일정이 언제인지 한 눈에 확인할 수 있다. 또한 중요 행사와 세계적인 이벤트가 표시되고 행사를 만들고 싶다면 이벤트 이름을 선택한다. 그러면 그 날을 위해 사전 제작된 템플릿을 선택할 수 있다.

여기서는 국제 요가의 날 링크를 선택했다. 그리고 국제 요가의 날과 관계된 자신의 게시물을 생성하는 여러 옵션 중 하나를 선택할 수 있다.

그림 1.16 콘텐츠 플래너에서 다양한 행사를 위해 사용할 수 있는 템플릿

게시물 생성 및 일정 예약

이제 소셜을 위한 콘텐츠 게시 일정을 예약하는 방법을 차례로 알아본다. 캔바를 통해 일정을 예약할 수 있는 2가지 방법이 있다. 가장 단순하고 좋은 방법은 달력에서 게시하려는 날짜를 선택한 후 디자인을 만드는 방법이다.

여기서 원하는 날짜를 선택하면 위쪽에는 직접 만든 디자인이 출력되고, 아래쪽에는 사전에 제작된 템플릿이 출력되므로 디자인을 선택할 수 있고 중앙의 오른쪽으로 처음부터 만들 수 있는 옵션이 있다. 지금은 미리 제작돼 있는 **템플릿**을 선택한다.

그림 1.17 캔바의 템플릿

템플릿을 선택하면 일반적인 템플릿 편집 화면이 열린다. 이제 글자를 수정하거나 그림을 바꿀 수 있고 자신의 브랜드에 맞게 색상을 조정할 수 있다(브랜드는 5장에서 다룬다).

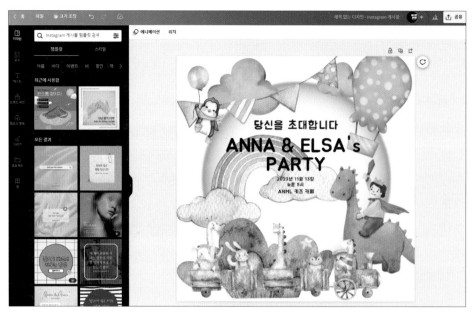

그림 1.18 캔바 디자인 화면

템플릿의 편집을 마치면(편집은 2장에서 다룬다) 예약할 준비가 된 것이다. 화면 오른쪽 위의 공유 버튼을 클릭한다.

그림 1.19 공유 버튼

그러면 드롭다운 메뉴를 볼 수 있다. 때로는 스케줄 버튼을 찾고자 더 보기 옵션을 선택해야 할 수 있다.

그림 1.20 공유 드롭다운

더 보기를 선택하면 직접 게시할 수 있는 모든 소셜 플랫폼을 포함해 선택할 수 있는 모든 옵션이 보이고 다음과 같이 스케줄 버튼을 볼 수 있다.

그림 1.21 공유 드롭다운의 스케줄 버튼

이제 캔바에서 사용할 수 있는 모든 옵션을 찾을 수 있을 것이다. 스케줄 옵션을 찾을 때까지 아래로 스크롤해 선택한다. 소셜 영역에 있을 것이다. 그러면 내용을 작성할 수 있는 상자가 나타나고 그 후 채널을 선택하고 게시물을 게시할 날짜와 시간을 변경한다.

그림 1.22 소셜 미디어 게시를 위한 드롭다운

날짜를 선택하면 달력이 나타난다. 원하는 날짜를 선택하고 아래쪽에서 시간을 선택할 수 있다.

그림 1.23 콘텐츠 플래너의 소셜 미디어 게시 달력

다음으로 채널을 선택한다. 이 시점에 캔바에 소셜 채널을 연결해야 한다. 페이스북을 제외하면 대부분 연결하기 쉽다. 페이스북은 계정으로 로그인해 캔바에 대한 승인을 해야 한다. 직접 게시하기 가장 좋은 인스타그램도 접속할 수 있지만 페이스북 계정을 통해 접근할 수 있다.

하지만 대부분 캔바 내에서 로그인 상세 정보를 요구하거나 이미 로그인돼 있다면 자동으로 연결될 것이다. 드롭다운 옵션의 아래쪽에 위치한 채널 선택하기 옵션을 선택하면 연결할 수 있다. 일단 연결되면 필요한 채널을 바로 선택할 수 있다.

그림 1.24 콘텐츠를 포스팅할 소셜 미디어 계정 선택

마지막으로 소셜 채널에 올릴 글을 작성해야 하고, 이는 캔바 페이지를 떠나지 않고 가능하다. 소셜 채널에 따라 오른쪽 아래의 글자 수가 바뀔 것이다. 예를 들어 트위터는 280글자, 페이스북은 5,000글자다.

그림 1.25 소셜 미디어 게시물 작성

이제 저장 및 일정 예약을 클릭하거나 나중에 돌아올 수 있게 초안 저장하기를 클릭한다. 이 옵션은 콘텐츠 플래너 달력에서 바로 찾을 수 있다.

한 번에 하나의 플랫폼에만 게시 일정을 예약할 수 있으므로 같은 일정으로 다른 플랫폼에도 게시하고 싶다면 디자인의 사본 만들기 버튼을 선택한다.

그림 1.26 디자인 게시일 예약 완료 화면

콘텐츠 플래너를 마무리하고 게시물을 확인하자. 이제 일정이 예약된 게시물이 있고 여기서 마우스를 가져다 대면 예약된 시간과 플랫폼을 알 수 있다. 같은 날에 여러 게시물을 다양한 플랫폼에 게시할 일정을 예약할 수 있고 플랫폼의 작은 아이콘이 출력되므로 게시물에 설정된 내용을 한 눈에 쉽게 확인할 수 있다.

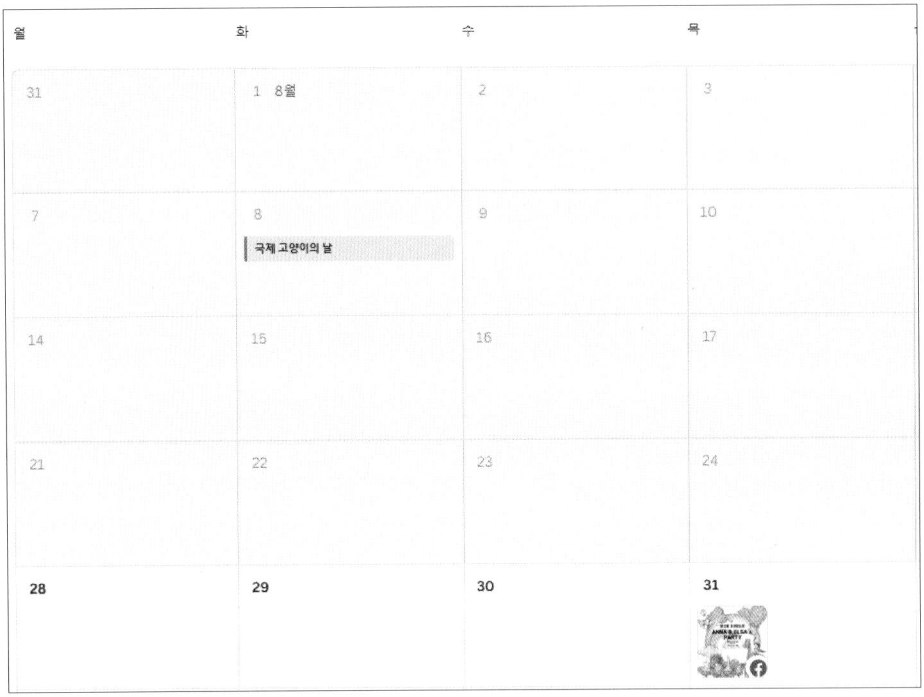

그림 1.27 콘텐츠 플래너의 게시물 예약 일정

일정이 예약된 모든 게시물은 편집할 수 있다. 콘텐츠 플래너에서 게시물을 클릭하고 게시물을 편집기로 가져오면 된다. 그리고 저장 및 일정 예약을 클릭한다.

게시물 일정을 예약하는 다른 방법

캔바를 통해 소셜 플랫폼에 게시물의 일정을 예약하는 방법은 2가지가 더 있는데, 이는 목표가 같고 그 과정도 상당히 유사하다. 하지만 간략하게 설명하는 편이 좋을 것 같다. 둘 다 모바일과 데스크톱 버전의 캔바에서 가능한 방법이다.

- 첫 번째 방법은 콘텐츠 플래너의 날짜 선택을 하기 전에 디자인을 먼저 한다. 빈 템플릿을 열어 디자인을 생성하고 메뉴의 **스케줄** 옵션을 선택 한다.

- 두 번째로 스케줄을 전혀 설정하지 않는다. 그저 **공유** 옵션을 선택하고 드롭다운 메뉴에서 플랫폼을 선택한다. 스케줄을 정할 때의 화면과 비슷하지만 일정 예약 버튼 대신 **지금 게시** 버튼을 볼 수 있다. 하지만 일정 예약을 하고 싶다면 왼쪽 하단의 작은 달력 모양 아이콘을 선택하면 일정 예약이 가능한 메뉴가 나타난다.

그림 1.28 소셜 미디어에 직접 게시

다량의 게시물을 만들고 소셜 미디어에 게시하는 일정을 예약해 저장하면 매일 게시 작업을 하는 것에 비해 많은 시간을 아낄 수 있다. 콘텐츠 플래너는 이렇게 유용하고 사업을 할 때 아주 훌륭한 기능이다. 이 기능은 프로 버전에 포함되므로 추가 비용은 들지 않는다.

⠿ 요약

1장을 마무리했다. 지금까지 캔바가 무엇인지 그리고 무료와 프로 계정의 차이를 알아봤다. 캔바 계정을 생성하고 설정하는 방법을 알아봤고 모바일 앱 설정과 사용 방법도 살펴봤다. 그리고 디자인을 할 수 있게 폴더를 생성하는 방법과 게시물을 소셜 미디어에 게시하는 일정 예약 방법도 다뤘다. 많은 캔바 사용자가 처음으로 접하는 무료 계정도 훌륭하고 점점 더 나아지고 있지만 종종 프로 버전에서만 지원하는 기능도 사업에 필요하다고 여겨 이 책에서 다뤘으므로 나중에 계정을 전환할 수 있을 것이다.

1장은 여기까지다. 2장에서는 1장에서 살펴본 내용을 바탕으로 캔바에서 사용할 수 있는 템플릿을 찾아보고 편집 방법과 요소 및 그림을 훌륭하게 사용하는 방법을 다룬다.

02

템플릿 탐색과 편집

템플릿은 캔바에서 사용하기 쉽고 가장 중요한 부분이다. 캔바는 소셜 미디어부터 게시물, 로그, 티셔츠 디자인까지 비즈니스와 가정생활의 모든 부분을 위한 수천만 개의 템플릿을 갖고 있다. 템플릿에 추가할 수 있는 요소와 이미지도 있어 독특한 사용자 템플릿을 만들 수 있다. 무료 및 프로 사용자 모두 템플릿, 요소, 이미지를 사용할 수 있고 다용도 플랫폼인 캔바에서 대부분 수정할 수 있다.

2장에서 다루는 내용은 다음과 같다.

- 템플릿 검색과 편집
- 디자인 시작 및 저장 디자인 찾기
- 선과 도형 사용
- 텍스트 효과와 글꼴

2장을 마치면 템플릿의 사용과 편집에 관한 많은 지식을 얻게 될 것이다. 비즈니스에 맞는 템플릿을 어디서 찾아야 하는지, 어떻게 백지부터 디자인을 시작하고 단순한 선과 모형을 찾거나 편집하는지 알 수 있을 것이다.

⁝⁝ 템플릿 검색과 편집

캔바 템플릿은 사용자를 염두에 두고 설계됐다. 템플릿을 쉽게 편집할 수 있고 경우에 따라서는 전혀 편집할 필요가 없게 구성됐으며 디자인을 처음부터 만들 수도 있다. 하지만 비즈니스의 필요에 맞는 템플릿은 어떻게 찾을 수 있을까? 그 방법을 알아본다.

그러면 캔바의 대시보드를 살펴보자. 여기서 템플릿을 검색하는 2가지 옵션이 있다. 우측 상단의 디자인 만들기 버튼이나 중앙의 검색 상자를 사용한다.

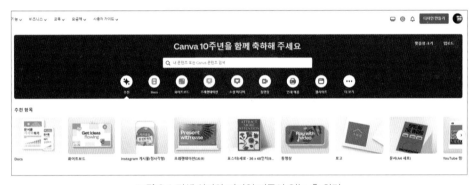

그림 2.1 검색 상자와 디자인 버튼이 있는 홈 화면

페이스북 스토리처럼 찾고 싶은 것이 명확하다면 검색 상자를 이용할 수 있다. 찾고 싶은 것이 명확하지 않다면 디자인 만들기 버튼을 선택하면 나타나는 드롭다운에서 선택할 수 있다.

그림 2.2 디자인 만들기 드롭다운 메뉴

여기서 몇 가지 선택을 할 수 있다. 템플릿을 검색하거나, 드롭다운의 옵션을 선택하거나, 맞춤형 크기의 템플릿을 생성하거나, 파일을 직접 캔바로 불러올 수 있다. 이 옵션으로 PDF 문서를 업로드해 디자인을 편집할 수 있다.

예를 들어 드롭다운에서 페이스북 게시물을 선택한다. 페이스북과 인스타그램 게시물은 캔바에서 가장 많이 사용되는 템플릿이다. 추천 목록에서 나오지 않는다면 검색을 통해 찾을 수 있다.

그림 2.3 템플릿 검색

선택하면 새로운 화면이 열리고 백지부터 만들 것인지 템플릿을 고를 것인지 선택할 수 있다.

그림 2.4 빈 템플릿

왼쪽 상단의 디자인 옵션을 클릭하면 사용할 수 있는 템플릿이 나타나고 최근에 사용했던 것과 인기 순으로 결과가 정렬된다.

그림 2.5 템플릿 옵션

아래로 스크롤하며 무엇을 사용할 수 있는지 생각해보고 눈길을 끄는 것이 있는지 살펴본다. 또한 설날, 새해, 토끼, 설처럼 상단의 옵션을 보며 템플릿의 스타일을 선택한다.

그림 2.6 다양한 스타일의 템플릿 버튼

왼쪽에서 눈에 띄는 템플릿을 선택하고 다시 메인 화면으로 돌아간다. 직업이 소셜 미디어 매니저라고 한다면 전달하려는 메시지 홍보를 위해 전문적이고 깨끗하면서 명확한 템플릿을 찾는다. 캔바가 자동으로 빈 템플릿 화면에 선택한 템플릿을 보여준다. 이제 필요에 맞게 편집한다.

그림 2.7 선택된 템플릿의 편집 대기

이 템플릿을 그대로 사용할 수 있다. 사랑스럽게 디자인된 템플릿이고 최소한의 편집으로 사용자의 업무에 맞출 수 있다. 템플릿 위에 마우스를 가져가면 많은 보라색 사각형이 나타난다. 이는 디자인 내의 모든 요소, 도형, 이미지, 텍스트 상자를 표현하고, 그중 무언가를 수정하려면 해당 상자를 선택한다.

NOTE

캔바는 자동 저장 옵션이 있으므로 디자인의 저장은 걱정하지 않아도 된다. 하지만 신경 쓰인다면 상단의 **파일** 탭을 클릭하고 **저장**을 선택한다.

그림 2.8 파일 드롭다운

색상 변경

다음의 단계에 따라 캔바의 템플릿을 편집한다.

1. 가장 먼저 색상을 선택한다. 예를 들어 비즈니스 브랜드 색상이 크림색, 청록색, 연회색이라 하고 템플릿의 색상을 브랜드 색상으로 수정하려고 한다. 색상 블록을 선택하고 왼쪽 상단 모서리의 색상 블록 아이콘을 선택해 처리할 수 있다.

그림 2.9 수정을 위해 색상 블록 선택

2. 색상 팔레트가 나타나고 브랜드 색상도 있을 것이다(5장에서 다룬다). 사진에서 선택된 색상, 기본 색상 그리고 직접 색상을 설정할 수 있는 옵션을 볼 수 있다.

3. 문서 색상 영역의 십자가 아이콘을 선택해 사용자가 원하는 색상을 설정할 수 있다. 하얀색 원을 이동시켜 도형에 적합한 색상을 찾는다.

그림 2.10 색상을 직접 선택하는 옵션

4. 원을 이동시키면 디자인의 색상이 바뀌는 것을 알 수 있다. 이로써 색상을 선택하기 전에 어떻게 보일지 확인할 수 있다.

5. 색상을 선택하려면 색상 상자에서 커서를 뗀다. 해당 색상이 디자인에 적용될 것이다.

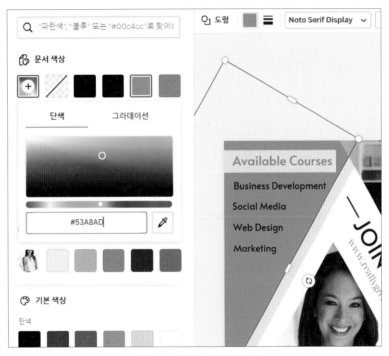

그림 2.11 캔바의 블록 색상 변경

디자인의 다른 부분에도 같은 단계를 반복한다. 글자와 아이콘의 색상도 변경할 것이다.

TIP

템플릿에 같은 색상이 많다면 색상 팔레트의 하단에 한 색상을 다른 색상으로 일괄 변경할 수 있는 영역이 나타날 것이다. 이 작업은 디자인 내의 모든 페이지에서 농삭해 개별 색상 삭업으로부터 벗어날 수 있다.

그림 2.12 색상 일괄 변경 옵션

이제 템플릿의 이미지를 바꾸는 방법을 알아보자.

템플릿의 이미지 변경

브랜드에 맞는 이미지를 사용해야 한다면 이미지를 변경하는 것이 좋다. 캔바의 라이브러리에는 사용자가 쓸 수 있는 많은 이미지가 있다. 무료 버전과 프로 버전 모두 대부분의 이미지를 사용할 수 있다. 이미지에 마우스를 가져다 대면 의도대로 이미지를 사용할 수 있을지 알 수 있다. 프로 버전에서만 사용 가능하다면 이미지의 하단에 왕관 아이콘이 보이고, 아무것도 보이지 않는다면 무료 계정과 프로 계정에서 모두 사용할 수 있다.

대부분의 템플릿에서 이미지의 모양을 변경하고자 그리드와 프레임을 사용한다(그리드와 프레임은 6장에서 다룬다).

다음은 관련 있는 키워드를 사용해 템플릿의 이미지를 변경하는 단계다.

1. 메뉴의 **사진** 옵션을 선택하면 사용할 수 있는 사진들이 **최근에 사용함**, **자동 추천**, **인기 항목**으로 구분돼 나타나므로 어떤 사진이 널리 사용되는지 볼 수 있다. 왼쪽 메인 메뉴에서 **사진** 옵션을 찾을 수 없다면 먼저 **앱** 탭을 선택하고 아래로 스크롤하거나 검색 상자로 사진 키워드를 검색한 후 배경 블록을 선택한다. 그러면 왼쪽 메인 메뉴에 **사진** 옵션이 보일 것이다. 메뉴의 요소 옵션 하위의 **사진** 영역을 선택해도 동일한 기능을 사용할 수 있다.

그림 2.13 사진 영역

2. 이제 사진을 검색할 수 있으므로 검색 상자에서 키워드를 입력한다. 캔 바의 모든 이미지는 이미지에 무엇이 있는지, 무슨 색상인지, 어디에 사용하는지 같이 그림을 설명하는 여러 키워드와 함께 관리된다. 이 키워드를 사용해 적절한 이미지를 가져올 수 있다. 지금은 가상의 소셜 미디어 비즈니스용 게시물을 만들고 있으므로 컴퓨터나 책상 사진 또는 그런 환경에서 일하는 모습의 사진이 필요할 것이다. 그러므로 이런 일련의 이미지를 얻으려면 소셜 미디어 플랫 레이 키워드로 검색한다.

그림 2.14 키워드를 사용한 이미지 검색

3. 이제 해야 할 일은 디자인에 어울리는 사진을 선택하는 것이다. 선택된 사진은 템플릿에 추가되고 이 사진을 변경하고 싶은 이미지의 테두리 위로 끌어다 놓을 수 있다. 변경하고 싶은 다른 이미지에도 이 작업을 반복한다.

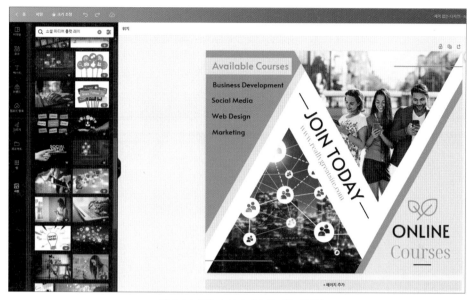

그림 2.15 색상과 이미지를 변경한 템플릿

    4. 이제 이미지와 색상을 정리했다면 마지막으로 글자와 글꼴을 변경한다.

글자와 글꼴 변경

캔바에서 사용할 수 있는 글꼴이 많다. 캔바에서 지원하지 않는 글꼴이라면 글꼴 파일을 업로드해 작업하는 모든 디자인에서 해당 글꼴을 사용할 수 있다. 하지만 이 기능은 프로 버전에서만 지원한다. 무료 버전 사용자라면 사용 가능한 글꼴에서 선택한다. 다음의 단계를 따라 진행해보자.

    1. 텍스트 상자 안의 텍스트를 바꾸려면 상자를 선택한 후 다시 클릭한다. 정보가 파란색으로 강조되는데, 이것이 곧 상자에 텍스트를 직접 입력할 수 있다는 의미다.

그림 2.16 편집 대기 상태의 하이라이트 텍스트 상자

2. 새로운 텍스트 상자를 추가하려면 키보드에서 T 키를 입력한다. 또는 왼쪽 메뉴에서 **텍스트** 탭을 선택하면 그림 2.17과 같이 제목 추가, 부제목 추가, 약간의 본문 텍스트 추가의 옵션과 최근에 사용한 텍스트 조합들을 볼 수 있다.

그림 2.17 제목, 부제목, 본문 텍스트 옵션이 있는 텍스트 메뉴

3. 글꼴을 변경하려면 텍스트 상자를 선택한다. 그러면 위쪽에 여러 옵션과 상자가 있는 바가 나타난다. 첫 번째 옵션은 사용 가능한 모든 글꼴을 드롭다운으로 보여주고, 두 번째 옵션은 글꼴의 크기를 변경하기 위한 옵션이다. 세 번째 옵션은 글꼴의 색상을 변경할 수 있다.

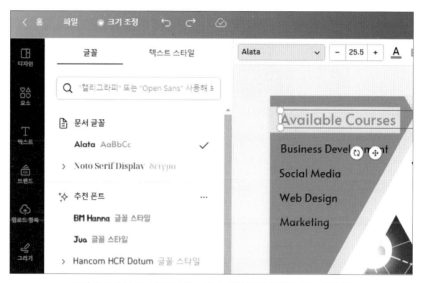

그림 2.18 텍스트 상자의 글꼴, 크기, 색상 변경 옵션이 있는 상단 바

알고 있는 글꼴이 있다면 검색할 수 있다. 그렇지 않다면 스크롤해서 디자인에 적합한 글꼴을 찾을 수 있다. 지금의 템플릿에는 전문적이고 기업적인 느낌 그리고 깔끔하고 단순하며 읽기 쉬운 글꼴이 적당할 것이다.

이제 색상, 이미지, 글꼴을 변경했다. 그림 2.19는 편집하기 전의 템플릿이다.

그림 2.19 편집 전의 원본 템플릿

그림 2.20은 편집 이후의 화면이다.

그림 2.20 편집을 마친 템플릿

지금까지 2장에서 사전 제작된 템플릿을 검색하고 편집하는 방법을 다뤘고 이제 색상과 이미지, 텍스트, 글꼴을 변경하는 방법을 안다. 이미지를 어디서 찾는지 키워드를 사용해 검색하는 방법을 살펴봤으며, 또한 색상 팔레트와 다양한 글꼴이 어디 있는지, 새로운 텍스트 상자를 어떻게 추가하는지 알아봤다. 다음으로 디자인을 백지부터 시작하는 방법과 이미 저장한 템플릿을 찾는 방법을 알아본다.

⁙ 디자인 시작 및 저장 디자인 찾기

템플릿을 사용하는 것은 캔바에서 그래픽을 만드는 가장 쉽고 빠른 방법이지만 가끔은 백지부터 시작해야 할 때가 있다. 특히 원하는 템플릿이 없을 때 백지부터 시작해야 할 것이다. 빈 템플릿으로 시작하는 것도 사전 제작된 템플릿으로 시작하는 것과 아주 비슷하다. 디자인 만들기 탭을 선택하고 필요한 크기를 검색한다. 선택한 크기의 빈 템플릿이 열릴 것이다. 또는 **맞춤형 크기** 탭을 클릭하고 다음과 같은 크기 옵션을 정의할 수 있다.

- px(픽셀)
- in(인치)
- mm(밀리미터)
- cm(센티미터)

배너나 게시물, 책과 같이 특정 크기의 작업을 할 때 유용하다.

그림 2.21 맞춤형 크기 옵션

자신의 디자인 찾기

캔바의 모든 디자인은 작업 중에 자동으로 저장되고 왼쪽 메뉴의 **프로젝트** 탭에 모두 저장된다. 디자인의 생성 작업이 끝나면 탭을 닫으면 되고 나중에 **프로젝트** 탭을 탐색해 디자인을 클릭하면 다시 디자인으로 돌아갈 수 있다. 모든 것은 작업했던 그대로 있을 것이고 가장 최근에 작업했던 디자인이 가장 먼저 보일 것이다.

그림 2.22 프로젝트 탭

체계적으로 정리하고 싶다면 폴더를 지정해 디자인을 저장할 수 있고, 폴더는 데스크톱과 모바일 버전에서 모두 원하는 만큼 생성할 수 있다. 폴더의 사용법은 1장의 환경 설정에서 다뤘다.

이제 백지부터 디자인을 시작할 수 있다. 맞춤형 크기의 템플릿을 생성하는 방법과 업무 중 빠르게 디자인을 찾을 수 있도록 생성된 템플릿의 저장 위치를 알아봤다. 선과 도형을 추가하고 편집하는 방법을 알아보자.

⠿ 선과 도형 사용

캔바의 선과 도형은 디자인에 상당한 도움이 된다. 선과 도형은 예상보다 훨씬 더 많이 사용된다. 선은 디자인에서 정보를 나누고 체계적으로 보이게 하는 아주 훌륭한 도구이고, 도형은 디자인의 균형을 잡아주고 중요한 부분으로 보는 이의 시선을 이끌 수 있기 때문이다.

선

선을 찾을 수 있는 방법은 2가지가 있다. 첫 번째로 가장 쉬운 방법은 키보드의 L 키를 누르면 선 요소가 템플릿에 나타난다. 두 번째 방법은 요소 탭에서 선 및 도형 영역을 선택하는 것이다. 최근에 사용했던 선은 **요소** 탭의 **최근에 사용함** 항목에서 확인할 수 있다. 하지만 여기서는 선 영역의 첫 번째로 볼 수 있는 가장 일반적인 선을 사용한다.

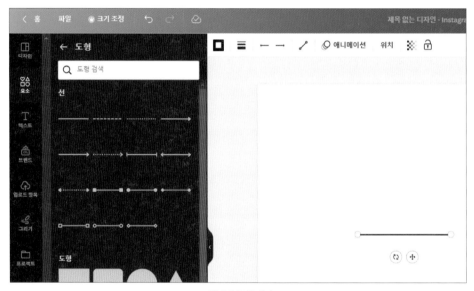

그림 2.23 선 요소

이제 캔바에서 더 많은 작업을 할 수 있다. 템플릿의 상단에서 여러 옵션을 볼 수 있다. 마우스를 가져다대면 어떤 옵션인지 알 수 있다. 옵션들은 다음 내용을 포함한다.

- 선 색상
- 선 스타일
- 선 시작

- 선 끝

- 줄 유형

그림 2.24 선의 옵션

선 색상 옵션에서 원하는 선의 색상으로 변경할 수 있다. 모든 색상 팔레트가 나타난다.

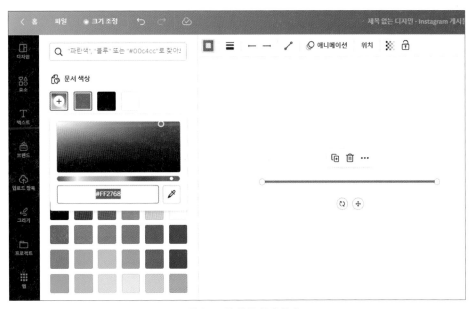

그림 2.25 선 색상 상세 화면

두 번째 옵션은 선의 스타일을 변경하는 것으로 실선, 짧은 점선, 긴 점선을 선택할 수 있다. 선의 끝 부분을 둥글게 만드는 체크상자가 있고 선의 두께도 여기서 변경할 수 있다.

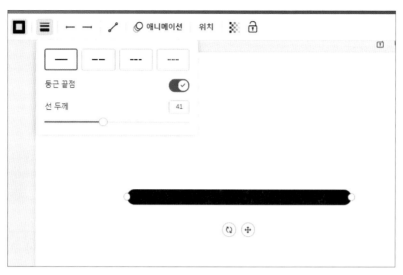

그림 2.25 선 스타일

다음은 선의 끝 부분을 변경하는 옵션으로 더욱 완성된 표현을 할 수 있다. 선의 시작과 끝 부분에 대해 각각의 드롭다운이 있다. 드롭다운에는 같은 아이콘이 있지만 결국은 왼쪽과 오른쪽을 별도로 변경하므로 양쪽 끝을 같게 또는 다르게 만들 수 있다.

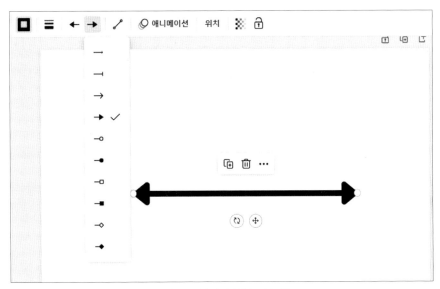

그림 2.27 선의 끝 부분 드롭다운

다음 옵션은 줄 유형으로 직선과 꺾인 선을 선택할 수 있다. 드롭다운에서 꺾인 선을 선택하고 선의 끝 부분에 보이는 하얀 원을 클릭해 드래그하면 선의 줄 유형이 바뀌는 것을 볼 수 있다.

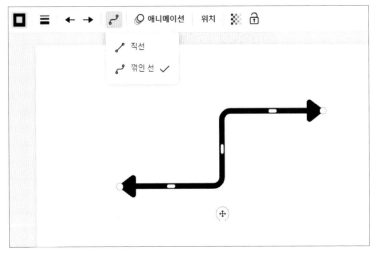

그림 2.28 줄 유형

다음으로 캔바의 모든 요소, 템플릿, 이미지와 함께 선을 움직이게 할 수 있다. 하지만 사용 방법은 10장의 '동영상과 애니메이션 활용' 절에서 살펴본다.

도형

캔바의 대부분 디자인에서 도형은 중요하게 사용된다. 다수의 템플릿에서 한두 개의 도형을 사용한 것을 알 수 있을 것이다. 그리고 캔바의 새로 추가된 기능으로 인해 도형으로 할 수 있는 일이 더 많아졌다. 도형 요소는 선 요소를 찾았던 것과 같은 방법으로 찾을 수 있는데, 2가지 방법이 있다. 첫 번째는 키보드에서 C 키를 입력해 원을 만들고 R 키를 이용해 사각형을 만드는 방법이다. 더 많은 다른 도형을 찾는다면 요소 탭에서 선 및 도형을 선택하면 볼 수 있는 **도형** 영역에서 찾을 수 있다. 함께 살펴보자.

다양한 도형이 존재한다. 일부는 단순한 색상의 사각형, 삼각형, 원이다.

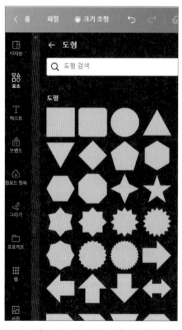

그림 2.29 기본적인 도형 스타일

여기서 살펴볼 것은 도형에 대한 추가적인 기능이다. 사각형이나 원과 같은 기본적인 도형으로 시작한다. 여기서 평범한 사각형을 선택한다. 그러면 커서가 중간에 나타나는 것을 알 수 있다. 도형 안에 텍스트를 바로 추가할 수 있다. 텍스트를 추가하지 않으려면 사각형 외부를 클릭해 커서를 없앨 수 있다.

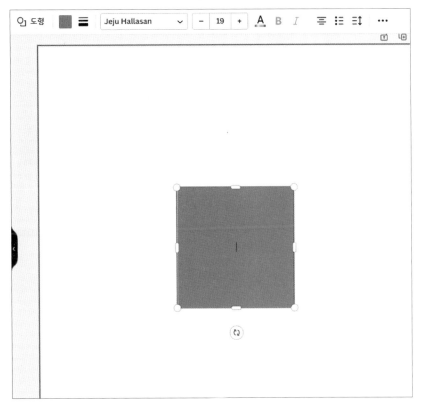

그림 2.30 템플릿에 추가된 사각형 도형과 커서

다른 요소에서 살펴봤던 것과 마찬가지로 상단 바에서 도형의 모든 기능을 볼 수 있다. 이 바는 선택한 요소, 즉 텍스트 상자, 이미지 또는 도형에 따라 바뀐다. 여기서는 몇 개의 아주 유용한 기능을 살펴본다. 가장 먼저 바의 첫 번째에 있는 **도형** 옵션을 선택해 도형을 변경할 수 있다.

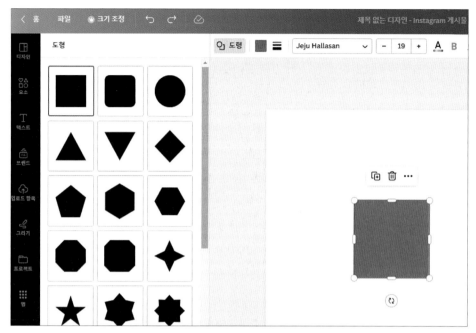

그림 2.31 캔바 도형

왼쪽에서 제안하는 도형을 선택해 자동으로 템플릿의 도형을 수정할 수 있다.
여기서는 사각형을 별모양으로 바꿨고 이제 다음 기능을 소개할 수 있다.

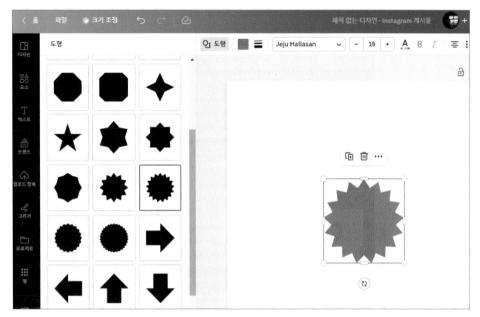

그림 2.32 별모양을 포함한 다양한 도형

이번 기능은 색상 블록 옆에 3개의 선이 있는 세 번째 아이콘이다.

그림 2.33 도형 옵션

도형의 테두리를 표현하는 훌륭한 기능으로 5개의 옵션이 있다.

- 테두리 없음

- 실선

- 큰 점선^{Large lined} 테두리

- 작은 점선^{Small Lined} 테두리

- 점^{Dotted} 테두리

그림 2.34 도형의 테두리 두께, 스타일, 모서리 둥근 정도 제어

테두리 옵션을 선택하면 상단의 바에 테두리의 색상을 변경할 수 있는 새로운
아이콘이 나타난다.

그림 2.35 상단 바의 도형 옵션과 테두리 색상 옵션

테두리의 줄 모양 아래에 나타나는 옵션으로 테두리의 굵기를 변경할 수 있고
모서리의 둥근 정도를 조절할 수 있다.

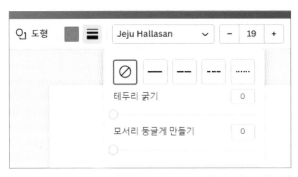

그림 2.36 테두리의 굵기, 스타일, 둥근 정도를 조절할 수 있는 도형의 옵션

클릭 몇 번으로 평범하던 사각형을 테두리가 있는 별모양으로 바꿨고 테두리의
굵기와 색상도 바꿨다. 이제 이것을 디자인에 사용할 수 있다.

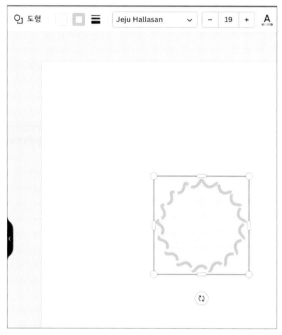

그림 2.37 편집을 마친 도형

도형은 재미없다고 여길 수 있지만 일상적인 디자인에서 용도가 아주 많다. 주변을 둘러보고 얼마나 많은 도형이 있는지 찾아보자. 도형은 여러 업무 템플릿에서 역할을 할 수 있고 이를 브랜드에 맞춰 편집하는 방법을 알면 유용하게 사용할 수 있다.

텍스트 상자의 배경으로도 도형을 사용할 수 있다. 다음으로 텍스트의 효과와 글꼴을 알아보자.

텍스트 효과와 글꼴

캔바에는 수백 개의 다양한 글꼴이 있으므로 어떤 디자인을 만들든 그 디자인에 맞는 글꼴을 찾을 수 있을 것이다. 하지만 어떻게 찾을 수 있고 어떻게 더욱 마음을 끌게 만들 수 있을까? 지금부터 알아보자.

템플릿에 텍스트 상자를 추가하면 글꼴의 드롭다운을 볼 수 있다. 상단 바의 첫 번째 옵션이다. 왼쪽으로 글꼴이 나타나고 검색이나 스크롤을 통해 선택할 수 있다. 글꼴은 추천 글꼴, 최근에 사용함, 브랜드 글꼴 영역 밑에 알파벳순으로 출력된다.

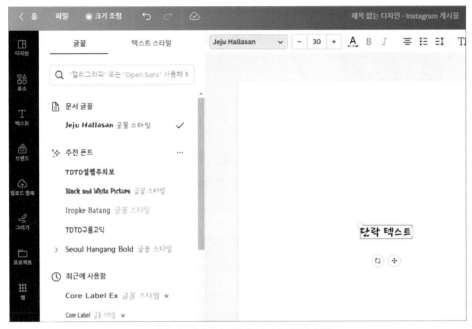

그림 2.38 캔바에서 사용할 수 있는 글꼴 선택

원하는 글꼴을 캔바에서 찾지 못했다면 인터넷에서 구매하거나 다운로드한 글꼴을 업로드할 수 있다. OTF 또는 TTF 파일을 업로드할 수 있다. 이는 프로 버전에서 제공하는 기능이고 이 방법은 5장에서 다룬다.

하지만 지금은 캔바에서 편집할 수 있는 글꼴을 찾는다. 보기 좋고 읽기 쉬운 글꼴이 소셜 미디어 게시물에 사용하기 좋을 것이고 산세리프sans serif 글꼴이 화면에서 적당할 것이다.

산세리프와 세리프 글꼴 차이

산세리프 글꼴은 끝 부분에 작은 발이나 삐침이 없는 글꼴이다.

다음은 세리프와 산세리프의 예다. 세리프 글꼴은 각 문자의 끝에 작은 발이 있고 책이나 잡지, 뉴스 같은 출력물에 사용되곤 한다.

Example Text - Serif
Example Text - Sans Serif

그림 2.39 글꼴 스타일의 예

검색 상자를 클릭하면 옵션 모음이 상단에 나타난다. 여기서 글꼴 스타일을 선택할 수 있다. 예를 들어 비즈니스 이름을 위한 화려한 글꼴이 필요하다면 필기체를, 이력서를 위한 좀 더 단정해 보이는 글꼴을 원하면 기업을 선택할 수 있다.

그림 2.40 글꼴 검색 상자

여기서는 굵고 깔끔하며 읽기 쉽게 유니고딕 넓은폭 굵은 글꼴을 사용한다.

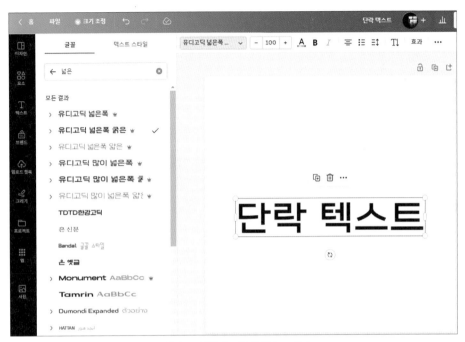

그림 2.41 글꼴을 적용한 텍스트 상자

이제 소셜 게시물에서 사용할 수 있는 글꼴을 골랐으니 스타일링을 시작해보자. 효과 탭을 사용해 작업할 수 있다. 글꼴에 네온이나 그림자, 할로우 효과 등을 줄 수 있다.

그림 2.42 글꼴 효과

각 효과는 슬라이딩 바를 사용해 조절할 수 있는 여러 옵션이 있다. 그림자 효과는 그림자의 오프셋, 방향, 흐리기, 투명도와 그림자의 색상까지 변경할 수 있다.

그림 2.43 그림자 글꼴 효과 설정

이 예제에서 텍스트가 화면 밖으로 튀어 나온 것처럼 보이게 만들고자 오프셋을 더 크게 설정하고 방향은 그대로 유지했다. 그림자를 더 부드럽게 만들고자 흐리기를 증가시키고 투명도도 키웠다. 글꼴의 색상은 변경하고 그림자의 색상은 검은색으로 바꿨다.

그림 2.44 글꼴 효과 설정

효과를 이렇게 설정하면 곧 결과를 얻을 수 있다.

그림 2.45 편집을 마친 텍스트

이제 더욱 멋진 소셜 게시물을 위한 텍스트가 생겼다.

다음은 다른 텍스트 효과다.

- **할로우**: 글꼴의 중간 부분을 제거하고 줄의 두께를 줄이거나 늘릴 수 있다.

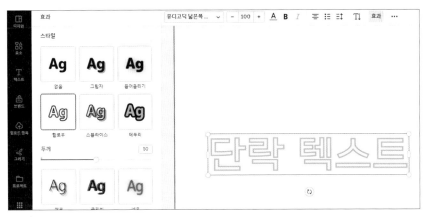

그림 2.46 할로우 텍스트 효과

- **스플라이스**: 내가 좋아하는 효과로, 할로우 효과에 배경이 있다. 배경 색 상도 바꿀 수 있다.

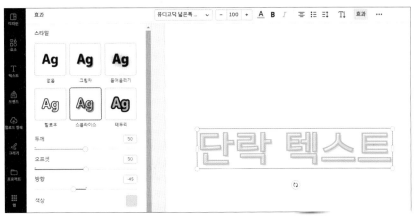

그림 2.47 스플라이스 텍스트 효과

- 네온: 글꼴을 빛나게 한다.

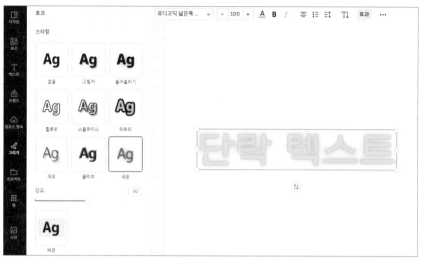

그림 2.48 네온 텍스트 효과

- 배경: 이 효과는 글꼴에 윤곽을 주고 배경 색상을 설정한다.

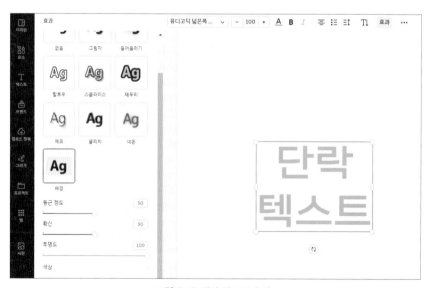

그림 2.49 배경 텍스트 효과

효과가 실제로 무엇을 하는지 그리고 어떤 효과가 디자인에 가장 잘 맞는지 알아보는 가장 좋은 방법은 전체 효과를 둘러보고 각 효과의 다양한 설정을 조절해보는 것이다.

곡선 텍스트

마지막으로 많은 시간을 절약할 수 있는 캔바의 훌륭한 기능인 곡선 텍스트 기능을 소개한다. 이제 버튼 하나를 클릭해 글자를 곡선으로 만들 수 있다. 글꼴 **효과** 탭의 아래쪽에서 찾을 수 있고, 위로 또는 아래로 휘어지도록 하단의 스크롤바를 사용해 곡선의 휘어지는 정도를 수정할 수 있다.

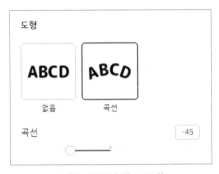

그림 2.50 곡선 텍스트 기능

이는 로고 작업이나 아이콘 또는 웹사이트의 버튼 주변을 감싸는 텍스트에 아주 잘 어울리는 간단하지만 효과적인 기능이다.

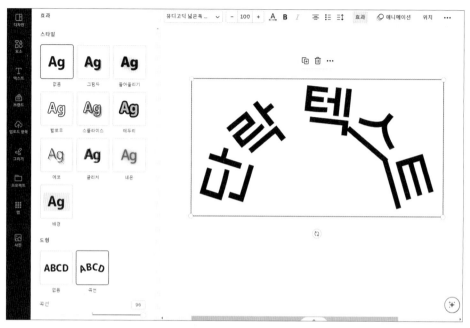

그림 2.51 텍스트의 곡선 효과

개인적으로 캔바의 글꼴 효과를 사랑하고 이 글을 읽고 있는 사용자들도 마음에 드는 효과를 찾길 바란다. 이 기능을 통해 디자인의 텍스트를 멋지게 만든다면 보는 이의 시선을 끌 수 있을 것이다.

요약

2장에서는 비즈니스 테마에 맞는 템플릿을 찾고 편집하고 색상, 이미지, 글꼴을 수정하는 방법을 살펴봤다. 또한 저장한 디자인을 찾는 방법과 빈 페이지에서 작업을 시작하는 방법, 선 기능의 사용 방법도 살펴봤고 도형을 변경하고 편집하는 방법으로 디자인을 일관성 있게 보이게 할 수도 있을 것이다.

3장에서는 다양한 요소를 검색하고 디자인에 추가하는 방법, 적당한 이미지를 찾는 방법, 다양한 이미지 편집 도구, 배경을 변경하는 방법을 다룬다.

03

요소와 이미지 사용을 위한 도구와 기능

캔바의 수백만 개 요소와 이미지를 사용해 비즈니스 디자인을 독특하게 만들 수 있다. 캔바에서 제공하는 다양한 도구를 사용해 이미지를 직접 편집할 수 있다. 요소도 편집할 수 있지만 이미지만큼은 아니다. 3장에서는 사용할 수 있는 여러 도구를 살펴보고 어떻게 사용하는지 알아본다.

3장에서 다루는 내용은 다음과 같다.

- 요소 추가
- 이미지 추가와 편집
- 배경 변경

3장을 마치면 많은 이미지 편집 도구를 사용하는 방법과 디자인이 눈에 띄도록 배경을 변경하는 방법, 요소의 파일 형식 간의 차이와 수정할 수 있는 요소 파일을 알 수 있다.

⠿ 요소 추가

캔바의 요소는 디자인은 만들 때 사용하는 각각의 아이템을 의미한다. 도형, 아이콘, 애니메이션, 텍스트, 이미지, 동영상이 있다. 이번 절에서는 캔바에서 이런 요소들을 찾고 사용하는 방법을 살펴본다.

정적인 요소는 움직이지 않는 요소를 말한다. 움직이는 요소와 스티커도 살펴보겠지만 이것들은 색상을 변경할 수 없다.

크기가 지정된 템플릿을 열었다면 왼쪽 위의 모서리에 있는 요소 영역을 자세히 살펴본다. 검색 상자와 최근에 사용함, 선 및 도형, 그래픽, 사진, 프레임, 그리드 등 다양한 영역 구분을 확인할 수 있을 것이다.

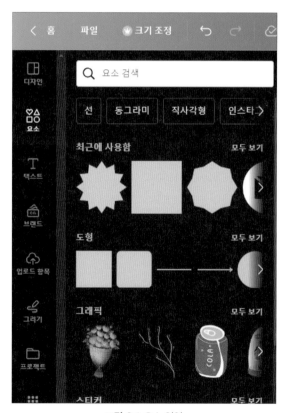

그림 3.1 요소 영역

검색 상자에서 blob 키워드로 검색을 해보자. 텍스트의 테두리로 사용하기 좋고 단순하지만 효과적인 스타일을 빠르게 만들 수 있는 많은 요소 모음이 나타난다.

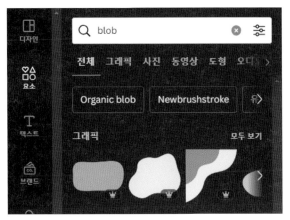

그림 3.2 blob 키워드 검색

여기서는 금빛 선이 있는 것을 선택한다. 그러면 페이지 상단에 옵션 목록이 나타난다. 이제 요소에서 특정 부분의 색상을 변경하거나 자르거나 뒤집거나 움직이게 할 수 있다.

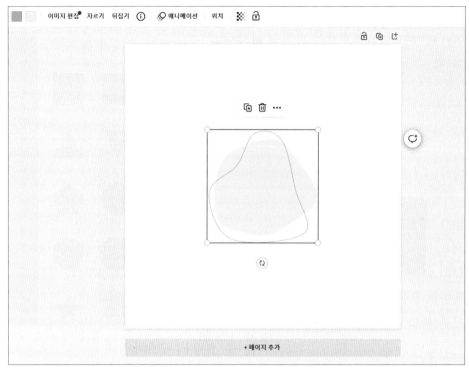

그림 3.3 blob 요소 선택

TIP

캔바에서 요소를 검색할 때 색상 변경 옵션이 있는 것을 찾을 것이다. 다섯 개의 색상 변경 박스가 있을 수 있지만(앞의 예제에는 2개), 전혀 바꿀 수 없는 것도 있다. 일부는 색상을 변경할 수 있고 일부는 바꿀 수 없는 것은 파일 형식 때문이다. 캔바의 요소 대부분은 프리랜서 디자이너가 작업한 것이고 그들이 파일 형식을 선택할 수 있다. 일부는 SVG 파일(벡터 파일—해상도의 손실 없이 크기 조절이 가능)로 업로드됐고 색상 변경 옵션이 생성된다. 나머지는 PNG 파일(이미지이거나 래스터 파일이고 해상도 품질의 손실 없이는 크기를 많이 변경할 수 없다)로 업로드됐으므로 색상 변경이 불가하다. 이는 단지 색상을 조절하고 싶은 요소를 사용할 때 주의해야 하는 점이다.

선택한 요소 편집

요소를 선택하면 요소 주변에 보라색 상자를 볼 수 있다. 상단의 색상 옵션 중 하나를 선택한다. 이제 두 부분 모두 원하는 대로 색상을 변경할 수 있다.

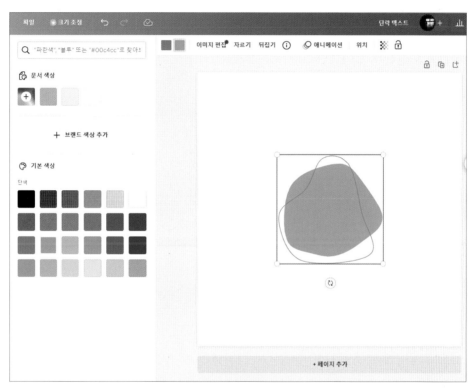

그림 3.4 요소의 색상 변경

다음으로 요소의 자르기 옵션을 알아본다. 자르기 옵션은 요소의 일부가 디자인의 다른 요소를 덮을 때 또는 필요 없는 일부분을 제거할 때 유용하다. 보라색 사각형의 네 모서리를 사용해 자를 수 있다. 원하는 대로 잘랐다면 완료를 선택한다. 그리고 모서리의 하얀 원을 사용해 요소의 모양에 영향을 주지 않으면서 크기를 늘리거나 줄일 수 있다.

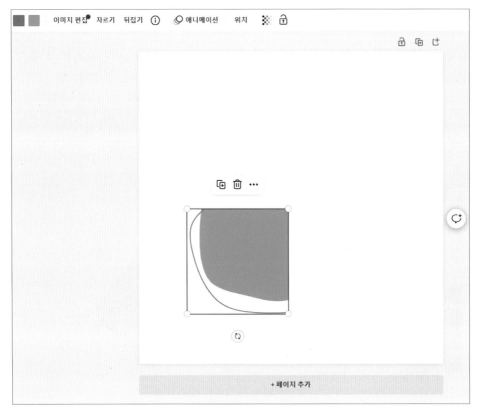

그림 3.5 요소 자르기

요소를 뒤집거나 회전시킬 수 있다. 디자인의 적절한 위치에 요소를 놓을 수 있게 하는 것이 회전 옵션이다. 회전 옵션은 상단의 바에 표시되지 않는 몇 되지 않는 옵션 중 하나다. 이 옵션은 보라색 사각형 옆에서 찾을 수 있고 다른 몇 개의 옵션도 볼 수 있다. 상단의 바가 너무 복잡하지 않게 이동한 옵션이다.

다음 옵션을 볼 수 있을 것이다.

- 복사

- 붙여넣기

- 복제

- 삭제

- 페이지에 맞춤

- 댓글

- 링크

- 잠금

- 대체 텍스트

마지막으로 2개의 회전 화살표가 있는 원의 **회전** 옵션으로, 원을 그리며 드래그할 수 있다.

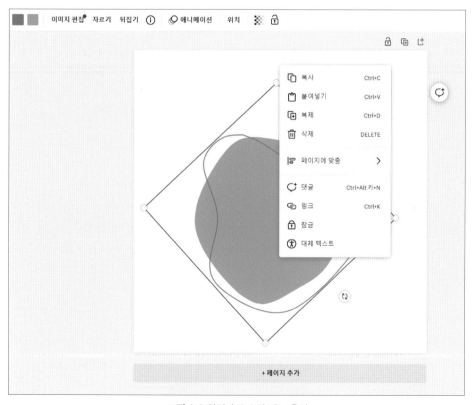

그림 3.6 회전과 요소의 메뉴 옵션

뒤집기 버튼은 요소를 수직 또는 수평으로 뒤집을 수 있다.

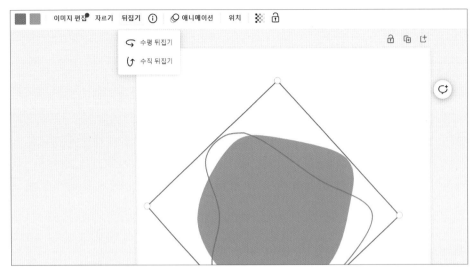

그림 3.7 요소를 수직 또는 수평으로 뒤집기

이미지 편집 옵션도 있지만 3장의 뒷부분에서 다룬다. 애니메이션 옵션도 찾을
수 있는데, 10장의 '동영상과 애니메이션 활용' 절에서 다룬다.

키워드 지정

어떤 요소가 좋은지 생각하고 키워드를 가능한 한 구체적으로 지정하면 적당한
요소를 빠르게 찾을 수 있다. 서커스 테마의 커다란 텐트 템플릿을 찾고 있다고
하면 서커스 빅 탑 텐트를 검색한다. 그러면 캔바는 키워드에 맞는 이미지와 요소
모음을 가져온다.

그림 3.8 서커스 빅 탑 텐트 키워드로 검색

그래픽이나 이미지만 원한다면 엔터 키를 누르기 전에 상단의 그래픽 탭을 선택한다.

그림 3.9 서커스 빅 탑 텐트 키워드로 그래픽 검색

요소 컬렉션

캔바는 다양한 디자인을 일관성 있게 만들 수 있도록 스타일과 테마가 비슷한
여러 가지 요소를 사용할 수 있게 하는 요소 컬렉션을 제공한다. 요소 탭에서
아래로 끝까지 스크롤하면 찾을 수 있다.

그림 3.10 캔바 요소 컬렉션

흥미를 끄는 세트를 선택하면 전체 컬렉션에 접근할 수 있고 디자인과 템플릿에 사용할 수 있다.

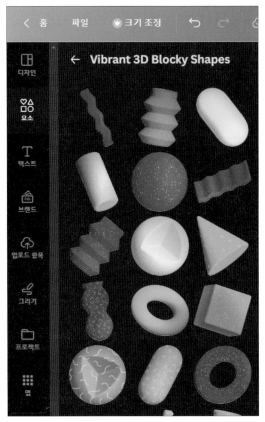

그림 3.11 요소 컬렉션 선택

요소를 검색하고 찾는 방법, 색상을 변경하고 자르고 뒤집는 방법, 요소 컬렉션을 찾는 방법을 살펴봤다. 다음으로 선과 도형을 추가하는 방법을 알아본다.

이미지 추가와 편집

캔바는 수십만 개의 이미지가 있는 거대한 라이브러리를 갖고 있고 대단히 개선된 편집기가 있다. 이제 템플릿에서 많은 편집을 직접적으로 할 수 있다. 캔바는 더욱 놀라운 이미지를 얻고자 Pixabay와 Pexels 같은 다른 이미지 플랫폼과 팀을 이루고 있다.

원하는 이미지를 찾지 못했거나 더 사용하고 싶은 이미지가 있다면 **업로드 항목** 메뉴를 통해 캔바에 업로드할 수 있다. 템플릿의 왼쪽 메뉴에서 이 기능을 찾을 수 있고, 여기서 로컬에 있는 이미지나 동영상을 업로드할 수 있다. 캔바 템플릿에서 바로 녹화할 수 있는 멋진 기능도 있다. 이 방법은 10장의 '동영상과 애니메이션 활용' 절에서 자세히 살펴본다.

그림 3.12 캔바에 이미지와 동영상 업로드

캔바에서 이미지를 모두 확인하는 가장 좋은 방법은 빈 템플릿을 연 후 왼쪽의 메뉴에서 **사진** 영역을 확인하는 것이다.

여기서 요소를 검색하는 동안 앞서 살펴봤던 것처럼 키워드를 사용할 수 있다. 최근에 생성됐던 깃에 맞는 다양한 이미지를 찾을 수 있나. 여기서는 이 기능을 보여주고자 **색연필** 키워드를 선택해 밝은 이미지를 찾을 것이다.

그림 3.13 색연필 이미지

상단 바에서 **이미지 편집** 옵션을 선택하면 전체 옵션이 열린다. 이미지 편집 도구를 이전에 사용했다면 최근에 사용했던 기능부터 위에 나타난다. 그리고 프로 사용자가 가장 좋아하는 배경을 지우는 도구가 있고 다음에는 조정 설정이 있다.

그림 3.14 이미지 조정 옵션

3개의 주요 조정 설정을 볼 수 있고 **전체 보기**를 선택하면 나머지 설정들을 확인할 수 있다.

그림 3.15 이미지 조정 드롭다운 메뉴

이 설정으로 이미지 전체를 제어할 수 있다. 더 어둡고 날카롭게 만들거나 약간 흐리게, 대비돼 보이는 등의 설정을 조합할 수 있다. 이게 전부가 아니다. 다음 메뉴에서 여러 필터를 적용할 수 있다. 메뉴의 다음에는 적용할 수 있는 여러 필터가 있고 Duotone 효과와 이미지를 글자 모자이크로 변경할 수 있는 옵션,

몽롱하게 보이거나 액화시키기 등이 있다. 각 옵션에는 옵션을 편집할 수 있는 영역을 볼 수 있다.

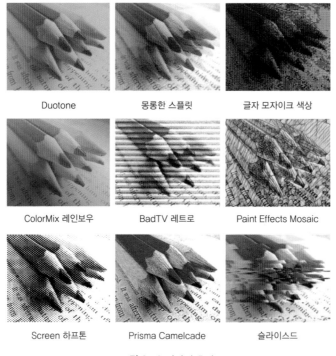

Duotone   몽롱한 스플릿   글자 모자이크 색상

ColorMix 레인보우   BadTV 레트로   Paint Effects Mosaic

Screen 하프톤   Prisma Camelcade   슬라이스드

그림 3.16 이미지 효과

스마트목업

이미지 편집 기능에는 효과, 필터, 조정 도구 외에도 언급할 만한 3개의 기능이 더 있다. 첫 번째가 스마트목업[Smartmockups]이다. 캔바는 스마트목업과 팀을 이뤄 프로 사용자가 이용할 수 있는 8,000개 정도의 옵션을 가져오고, 약 20%는 무료 계정 사용자도 이용할 수 있다. 사전 제작된 모형[mock-ups]에 사용자의 디자인을 추가해 작가, 패션 디자이너, 앱 또는 웹 제작자 등 많은 비즈니스에 맞는 상품이 완벽하게 준비된 것처럼 보일 수 있다.

스마트목업을 사용하는 2가지 방법이 있다. 첫 번째는 템플릿을 만들 때 이미지 편집 기능을 통해 사용할 수 있다. 가장 인기 있는 모형이 우선 표시된다.

그림 3.17 스마트목업

전체 보기를 클릭하면 모든 스마트목업을 볼 수 있다. 여기서는 머그잔의 디자인 로고를 넣는 방법을 예로 보여주고, 이 과정은 스마트목업을 사용해 디자인 작업을 할 때 활용할 수 있다.

1. 템플릿에 PNG 파일로 된 로고를 준비한다.

2. 상단 바의 이미지 편집을 선택한다.

3. 아래로 스크롤해 Smartmockups로 이동한다.

4. 전체 보기를 선택하고 머그잔 영역을 찾는다.

5. 원하는 이미지를 선택한다.

그림 3.18 스마트목업 머그잔 옵션

선택하면 캔바가 모형에 디자인을 추가할 것이다.

그림 3.19 머그잔의 로고

또 다른 방법으로 홈 화면의 메인 메뉴에서 앱을 선택하고 다시 Smartmockups 를 선택할 수 있다.

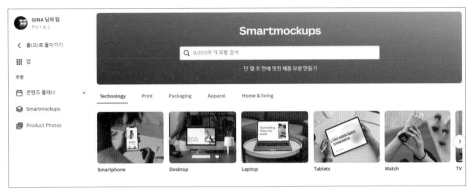

그림 3.20 Smartmockups 검색 상자

검색 상자에서 Books라는 키워드로 검색하면 다음과 같은 결과가 나타난다.

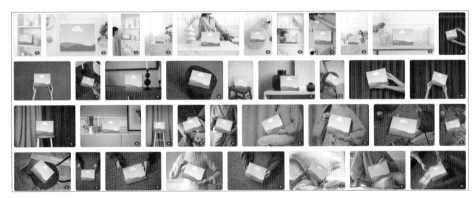

그림 3.21 스마트목업의 책 디자인

하나를 선택하면 이 모형을 디자인에서 사용할 것인지 묻는다.

그림 3.22 스마트목업의 책 템플릿

선택을 마치면 캔바는 최근 업로드한 모든 항목과 디자인 폴더를 가져오고, 이제 모형에 캔바 디자인을 사용할 수 있고 단순 이미지로 제한하지 않는다.

그림 3.23 디자인과 업로드 폴더

여러 디자인 중에서 사용할 하나를 선택하면 캔바가 이를 모형에 추가한다.

그림 3.24 완성 모형

이 디자인에 만족한다면 나중에 사용할 수 있게 저장하거나 이미지를 조정할 수 있다.

그림 3.25 모형을 저장 또는 조정

마지막으로 캔바에서 이 모형을 디자인에서 사용할 것인지 또는 그대로 다운로드할 것인지 선택할 수 있다.

그림 3.26 디자인의 모형 사용

디자인에서 모형을 사용하기로 했다면 템플릿을 사용할 때 만드는 템플릿의 크기를 선택할 수 있다.

그림자

그림자^{Shadows} 기능은 이미지의 깊이를 표현한다. 이미지를 실제로 나타낼 때 페이지에서 이미지를 잡을 수 있을 것처럼 만든다. 앞의 예제에서 사용했던 것과 같은 로고 이미지를 사용해 그림자 기능을 살펴보자.

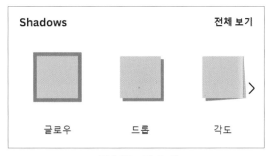

그림 3.27 그림자 기능

몇 개의 옵션뿐이지만 각 옵션에서 설정을 편집할 수 있다.

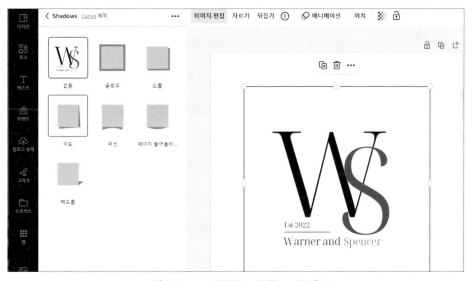

그림 3.28 로고 디자인의 다양한 그림자 옵션

이 예제에서 각도 그림자를 사용하고 흐리기를 좀 더 크게 지정한다.

그림 3.29 각도 그림자

다음은 곡선 그림자에 다른 편집은 하지 않은 디자인이다.

그림 3.30 곡선 그림자

이미지에 그림자를 사용하는 것은 굉장히 매력적인 효과를 준다. 로고, 시각화 보드, 상품 이미지, 가족 사진 등에서 아주 잘 어울린다.

프레임

마지막으로 프레임^{Frames}을 살펴본다. 이 프레임은 자동으로 이미지의 크기를 조절한다. 요소 탭에서 찾을 수 있는 프레임도 많지만 수동으로 크기를 조정해야 할 수 있다. 반면 여기서는 자동으로 조절된다. 템플릿이 있고 사용하려는 이미지가 준비됐을 때 이미지 편집 기능의 하위에서 찾을 수 있다.

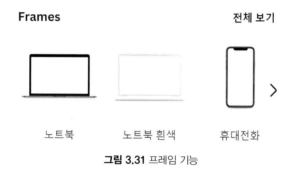

그림 3.31 프레임 기능

가장 먼저 노트북, 휴대전화, 태블릿의 프레임이 있고, 다음으로 폴라로이드, 네온, 글리터, 꽃무늬와 빈티지 프레임이 있다.

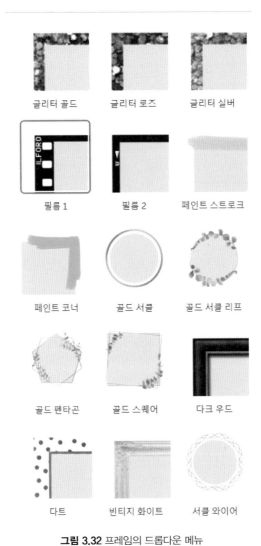

그림 3.32 프레임의 드롭다운 메뉴

여기서 하나를 고르면 자동으로 이미지에 추가된다.

그림 3.33 다양한 프레임 적용

프레임은 눈에 띄지 않을 수 있는 이미지에 테두리를 추가해 훌륭한 디자인으로 만드는 방법이다. 그러므로 이를 염두에 두고 배경과 소셜 게시물의 정보가 더욱 눈에 띄게 만드는 방법을 살펴본다.

⁝⁝▶ 배경 변경

캔바에서 배경은 디자인을 더욱 깊이 있게 만들고 특별한 탭으로 배경을 사용할 수 있다. 패턴, 이미지, 요소를 배경으로 사용할 수도 있다.

가장 먼저 배경 탭을 찾아보자. 이는 왼쪽의 메인 메뉴에 있다. 왼쪽 메인 메뉴에서 배경 탭을 찾을 수 없다면 먼지 앱 탭을 선택하고 아래로 스크롤하거나 검색 상자로 배경 키워드를 검색한 후 배경 블록을 선택한다. 그러면 왼쪽 메인 메뉴에 배경 탭이 추가됐을 것이다.

그림 3.34 메인 메뉴의 배경 탭

다음은 깔끔하고 단순한 디자인이지만 배경이 이 메시지를 더 눈에 띄게 만들어줄 것이다. 디자인의 테마를 유지하며 새로운 웹사이트의 메시지에 맞을 것 같은 현대 기하학적 무늬를 찾는다. 예를 들어 플로리스트 사업이 아니라면 꽃무늬 배경은 적당하지 않을 것이다. 배경을 포함한 디자인의 모든 부분이 역할을 해야 하고, 그렇지 않다면 제거하는 것이 좋다.

그림 3.35 기본 텍스트 템플릿

이제 디자인이 보기 좋아졌다. 배경 무늬가 있고 메시지는 여전히 명확하고 복잡하지 않다.

그림 3.36 배경과 편집된 기본 템플릿

간단한 그라데이션 기능으로도 같은 효과를 얻을 수 있다. 디자인의 단순성이 줄어들면서 복잡해 보이지 않는다.

그림 3.37 간단한 템플릿의 그라데이션 배경 모음

사진 영역의 사진이나 패턴도 배경으로 사용하기 좋다. 너무 가볍지 않은지, 정보를 가리지 않는지, 메시지를 잘 전달하는지 확인한다. 이를 위해 웹사이트 키워드로 검색한다.

그림 3.38 배경으로 사용된 이미지

마지막으로 요소를 배경으로 사용할 수 있는데, 패턴이나 도형이 있다. 만화책, 만화, 꽃무늬, 물방울 등이 단순한 디자인의 배경으로 쓰기에 좋다.

그림 3.39 배경으로 사용된 패턴

이제 배경으로 간단한 패턴이나 이미지를 사용해 사용자의 비즈니스가 눈에 띌 수 있게 하는 훌륭한 디자인을 소셜 미디어에서 사용할 수 있게 됐다.

이제 많은 정보가 있었던 3장에서 무엇을 다뤘는지 점검해보자.

⠿ 요약

사진과 요소는 캔바의 모든 디자인에서 핵심이 되는 부분이다. 작업 방법을 아는 것은 놀라운 디자인을 만드는 데 도움이 된다. 3장에서 무엇을 다뤘을까? 요소의 중요성과 함께 요소를 검색하고 선택하고 편집하는 방법을 알아봤다.

또한 활용할 수 있는 다양한 편집 도구를 사용해 이미지를 찾고 충분히 편집하는 방법 그리고 정보가 더욱 돋보이게 만들고자 이미지나 패턴으로 배경을 채우는 방법도 살펴봤다.

4장에서는 눈길을 사로잡는 그래픽을 만들고자 3장에서 살펴봤던 지식 외의 캔바 기능 중 일부를 살펴본다.

04

유용한 기능으로 눈길을 사로잡는 그래픽 디자인

캔바에는 훌륭한 기능이 많지만 그중 최고는 그래픽을 생성할 때 놓칠 수 있는 간단한 기능이다. 일관성을 유지할 수 있게 하고, 시간을 절약할 수 있게 하고, 크기 조절을 빠르게 할 수 있게 한다. 그리고 요소가 위치를 바르게 잡을 수 있게 한다. 많은 기능이 템플릿의 상단 바에 있는데, 4장에서는 각각의 기능을 좀 더 자세히 살펴본다.

4장에서 다루는 내용은 다음과 같다.

- 요소 그룹화
- 텍스트 정렬과 간격 조절
- 요소 잠금
- 투명도 변경
- 디자인 크기 조정
- 요소의 앞뒤 위치 조정

- 배경 제거 도구

4장을 마치면 모든 템플릿 기능을 사용하고 각 기능의 동작을 이해할 수 있으며 배경 제거 도구의 사용법을 알게 된다.

요소 그룹화

여러 요소를 함께 그룹으로 묶어 같은 위치를 유지하며 빠르게 이동하거나 배치할 수 있다. **그룹화** 옵션은 요소, 텍스트 상자, 이미지를 선택하면 나타난다. 각 이미지를 개별적으로 움직이거나 그룹으로 묶을 수 있지만 이미지를 그리드에 넣었다면 그리드와 함께 그룹으로 묶을 수는 없다.

이 예제에서 Available courses 텍스트 상자를 강조하고 아래에도 몇 개의 텍스트 상자가 있다. 캔바는 자동으로 이들을 그룹으로 묶지만 클릭을 하면 그룹이 풀린다. 그룹을 유지하려면 원하는 텍스트 상자들을 모두 선택하고, 선택한 텍스트 상자 바로 위에 나타나는 메뉴의 **그룹화** 옵션을 선택한다.

그림 4.1 여러 텍스트 상자의 그룹화 옵션

이제 이 텍스트 상자들은 그룹을 유지하고, 그룹으로 묶을 때처럼 메뉴에서 그룹 해제 옵션을 선택해 그룹화를 풀 수 있다.

그림 4.2 텍스트 상자 그룹과 그룹 해제 옵션 활성화

캔바 디자인에서 여러 페이지가 있고 페이지의 전체를 이동시키지 않으며 디자인의 일부를 복사하려 할 때 여러 요소, 텍스트 상자, 이미지의 그룹을 사용하는 것이 편리하다.

요소 그룹은 텍스트를 정렬하거나 간격을 조절할 때 유용하므로 다음에 이 기능을 살펴본다.

텍스트 정렬과 간격 조절

정렬과 간격 조절 기능을 사용하면 디자인은 획일적인 느낌을 줄 수 있고 일관성을 높여 시각적으로 만족시킬 수 있다.

디자인 내의 모든 요소, 이미지, 텍스트 상자를 정렬하려면 마우스를 대각선으로 드래그해 요소와 텍스트 상자들을 그룹으로 강조한 후 상단 바의 위치 탭을 선택한다. 그러면 다음 화면에서 볼 수 있듯이 정렬을 위한 많은 옵션이 나타난다.

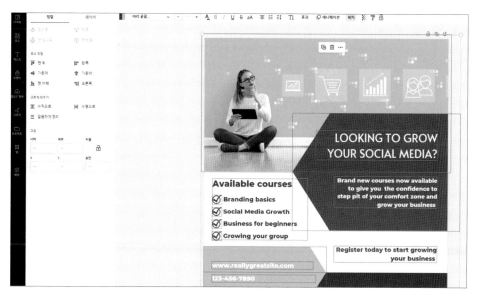

그림 4.3 정렬 옵션 드롭다운 메뉴

여기서는 2개의 옵션 그룹 요소 정렬과 고르게 띄우기를 살펴본다.

맨 위, 가운데, 맨 아래, 왼쪽, 가운데, 오른쪽 옵션을 선택해 선택된 요소를 정렬할 수 있다. 이 기능으로 강조되고 있는 모든 요소가 정렬된다. 또한 그 아래의 **수직으로, 수평으로, 주변에** 모두 같은 간격을 설정하는 **깔끔하게 정리** 기능을 사용해 각 요소의 간격을 조절할 수 있다. 이 기능은 개별 요소에서 훌륭하게 동작하지만 텍스트 상자 안의 텍스트를 정렬하고 싶거나 여백을 더 주고 싶다면 어떻게 해야 할까?

해당하는 텍스트 상자를 선택하고 상단 바의 간격 옵션을 선택하면 다음 화면에서 보듯이 텍스트를 정렬할 수 있다.

그림 4.4 글자와 줄 간격 옵션

간격 옵션에서 3가지를 선택할 수 있다. 글자 간격을 조정할 수 있는데, 이는 작은 글꼴나 글자 간 기본 간격이 좁은 글꼴일 때 알맞은 기능이다. 줄 간격은 텍스트의 줄 간 간격을 더 넓게 또는 더 좁게 만들 수 있다. 마지막으로 텍스트 상자 고정은 박스에 텍스트를 추가할 때 텍스트가 어떤 방향으로 향하게 할지 선택할 수 있다.

상단 바에 텍스트의 정렬을 변경할 수 있는 기능이 있다. 다음 화면에서 보듯이 4개의 줄처럼 보이고 현재 텍스트의 정렬 방법을 바꾼다.

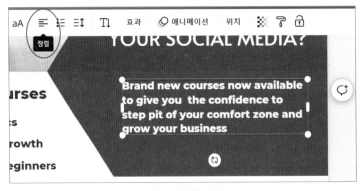

그림 4.5 정렬 도구

예를 들어 앞 화면의 텍스트 상자는 왼쪽으로 정렬돼 있고 정렬 기능 또한 4개의 줄이 왼쪽으로 정렬돼 있다. 이 버튼을 계속 클릭하면 정렬도 바뀌게 된다.

이제 텍스트를 정렬할 수 있고 줄 사이의 간격을 조절할 수 있으니 눈금자와 여백을 살펴보자. 눈금자와 여백 기능은 이전의 요소들과 함께 사용할 수 있으므로 다뤄야 할 중요한 기능이다.

인쇄를 위한 눈금자와 여백

눈금자와 여백은 책, 잡지, 전단지와 인쇄를 위한 디자인에 적합하지만 요소의 적합한 위치를 지정하는 데에도 도움이 된다. 예를 들어 디자인의 모서리로부터 100px에 위치시키고 싶다면 눈금자를 추가하고 요소가 올바른 위치로 가게할 수 있다. 눈금자, 여백, 인쇄 재단 물림은 페이지 상단의 **파일** 옵션을 선택한후 **설정 보기** 옵션을 선택하면 찾을 수 있다.

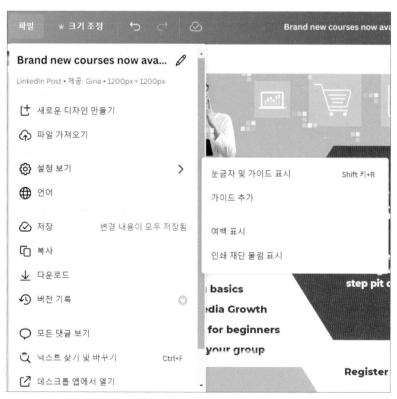

그림 4.6 눈금자, 여백, 인쇄 재단 물림 옵션

각 옵션을 선택하면 자동으로 디자인에서 활성화된다. 눈금자는 디자인에서 원하는 만큼 많은 줄을 만들 수 있게 한다. 이 줄들은 생성한 템플릿의 유형과 연관이 있다. 예를 들어 밀리미터 단위의 A4 문서라면 눈금자는 밀리미터 단위로, 픽셀 단위의 소셜 미디어 템플릿이라면 눈금자도 픽셀 단위로 표시된다. 눈금자의 끝 부분을 클릭하고 안쪽으로 드래그해 눈금자의 줄을 만들 수 있다. 다음 예제에서 보듯이 보라색 상자로 수치를 볼 수 있으므로 위치를 제대로 잡을 수 있다.

그림 4.7 디자인의 눈금자

여백을 활성화하면 작업 안에 테두리가 생긴다. 이는 다음 그림과 같이 보이며 인쇄 과정에서 중요한 정보가 잘려 나가지 않도록 도움을 준다.

그림 4.8 여백 기능

여백은 책을 만들 때 활성화시켜 글자가 책등 부분에 너무 가까워지지 않게 할 수 있는 좋은 기능이다.

마지막으로 인쇄 재단 물림은 출력할 때 필요한 또 다른 기능이다. 이 기능은 가장자리 근처에 추가로 테두리를 만든다. 이 영역은 출력할 때 다듬어지는 부분이므로 가장자리까지 표현돼야 할 색상이 제대로 출력되게 한다. 이 기능은 다음 예제처럼 보인다.

그림 4.9 3mm 인쇄 재단 물림

경험에 따르면 인쇄 재단 물림은 일반적으로 3mm 너비지만 요구 사항을 명확히 하고자 인쇄소에 확인하는 것이 좋다. 여백과 눈금자를 설정하고 요소를 적절하게 추가했다면 움직이지 않게 잠그는 방법을 아는 것이 좋다. 다음으로 잠금 기능을 알아보자.

요소 잠금

잠금은 좀 더 복잡한 디자인을 만들 때 이동하지 않기를 원하는 요소를 빼고 이동시킬 수 있게 하는 기능이다. 제자리에 고정 시킨 것들은 잠금을 해제할 때까지 이동하지 않는다. 하나 이상의 요소에 잠금을 설정하려면 하나 또는 그룹을 선택하고 상단 바의 자물쇠를 선택한다.

여기서는 파란 배경 화살표 모양을 선택하고 잠근다. 상단 바에서 자물쇠 모양의 옵션을 선택하면 잠글 수 있고, 다음 화면에서 보듯이 선택 영역 바로 옆에 뜨는 옵션의 자물쇠 모양으로 상태를 확인할 수 있다.

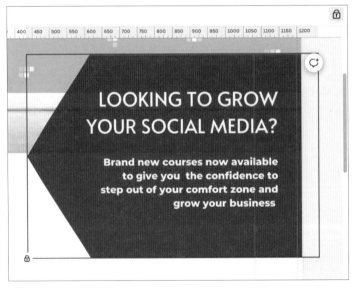

그림 4.10 잠금 기능

텍스트 상자의 경우 자물쇠의 추가적인 기능이 있다. 한 번 클릭하면 텍스트 상자의 위치는 고정되지만 텍스트는 편집할 수 있다. 자물쇠를 한 번 더 클릭하면 완전히 잠겨서 잠금을 풀 때까지 텍스트 편집도 허용되지 않는다. 다음은 이 기능을 보여주는 예다.

그림 4.11 텍스트 편집의 추가 잠금 기능

자물쇠와 연필 모양의 아이콘으로 바뀐 것을 볼 수 있다. 다시 클릭하면 그냥 자물쇠로 바뀐다. 이 기능은 디자인에 많은 작업이 있을 때 좋은 기능이지만 이미지나 색상 블록에 텍스트를 추가하고 싶을 땐 어떻게 해야 할까? 캔바에서 투명도를 조정하는 방법을 살펴보자.

투명도 변경

투명도는 자주 이용되는 기능 중 하나로, 이미지와 텍스트를 겹쳐서 보여주고 싶은 소셜 미디어 게시물에 적합하다. 따라서 종종 여러 색상을 사용하는 이미지 위의 텍스트를 읽을 수 없게 되지만 투명도를 조정한 도형을 추가해 텍스트가 보이게 할 수 있다.

이 예제에서 뒤에 이미지가 있고 화살표 모양 도형의 투명도를 조절했다. 따라서 제일 앞의 정보를 읽을 수 있지만 여전히 뒤의 이미지도 볼 수 있다.

그림 4.12 투명도

캔바에서 투명도를 조절하려면 다음 화면에서 보듯이 상단 바에서 체스판 모양을 작은 박스를 선택한다.

그림 4.13 투명도 슬라이드 바

슬라이드 바로 모든 요소, 이미지 또는 텍스트 바의 투명도를 조정할 수 있다. 보기 좋은 디자인을 위해 아주 유용한 기능이다. 이제 다양한 소셜 플랫폼에 맞게 디자인의 크기를 조정하는 방법을 알아본다. 이 기능은 프로 버전에서만 지원한다.

⁛ 디자인 크기 조정

디자인의 크기를 조정한다는 것은 모든 소셜 채널, 웹사이트, 게시물, 광고 등 사실상의 비즈니스 모든 도구에서 일관성을 유지하는 것을 의미한다.

캔바는 프로 버전의 기능으로 **크기 조정 도구**를 지원하고, 이를 위해 프로 버전을 사용할 가치가 더 높아졌다. 버튼을 클릭하면 다음과 같이 다른 어떤 템플릿의 크기로든 조정된 디자인을 얻을 수 있다.

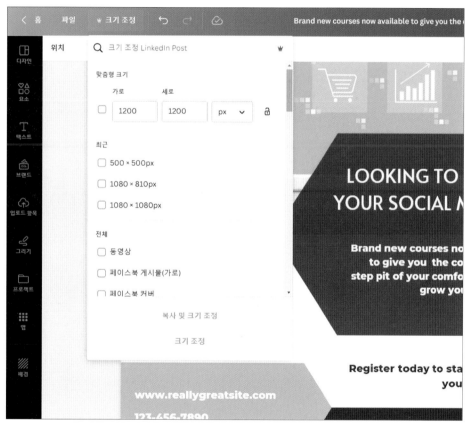

그림 4.14 크기 소싱 바눌사 느톱나훈 기능

크기 조정 버튼은 상단의 파란색 바에 있다. 템플릿의 유형을 검색할 수 있고 사용자가 치수를 지정하거나 아래로 스크롤해 옵션을 확인할 수 있다. 그 후 **복사 및 크기 조정**을 선택해 원본은 유지하거나 **크기 조정**을 클릭해 현재 디자인의 크기를 변경할 수 있다.

선택한 템플릿의 종류에 따라 디자인의 요소, 텍스트, 이미지를 맞게 조절해야 한다. **크기 조정** 도구는 템플릿의 크기만 조절할 뿐 그 위의 정보는 조절해주지 않기 때문이다.

지금까지 다룬 모든 기능은 그 자체로 훌륭하지만 요소들이 바르게 위치했을 때에 한해서다. 뒤에 가려져서 추가한 요소에 접근할 수 없다면 투명도나 잠금 기능을 사용해 발버둥치게 될 것이다. 이 문제의 해결 방법을 알아보자.

요소의 앞뒤 위치 조정

캔바는 레이어를 사용한다. 모든 요소, 텍스트 상자, 이미지는 템플릿 안에서 레이어 층으로 쌓여 있다. 이 레이어들을 조정할 수 있으므로 배경을 깔고, 앞에 텍스트 상자를 추가하고 그 사이에 요소를 넣어서 디자인을 설계할 수 있다.

레이어를 변경하려면 상단의 위치 탭을 선택한다. 그리고 한 번에 한 레이어 앞으로 또는 뒤로 이동시키거나 또는 바로 가장 앞이나 뒤로 이동시킬 수 있다. 다음 예제를 살펴보자.

그림 4.15 위치 옵션을 사용한 요소 레이어

종종 이 옵션을 사용해 하나 또는 2개의 레이어를 이동시키는 것으로 디자인에 큰 효과를 줄 수 있다.

마지막으로 캔바의 가장 인기가 좋은 기능인 배경 제거 도구를 살펴본다.

배경 제거 도구

배경 제거 도구는 캔바 프로 버전에서 가장 인기 있는 기능으로, 항상 우선순위가 높다. 디자인의 어떤 이미지든 배경을 제거할 수 있다. 또한 배경 제거 과정에서 빠진 부분을 추가하거나 지울 수도 있다.

다음 화면과 같이 이미지 편집 영역에서 찾을 수 있다.

그림 4.16 배경 제거 도구

다음 예제에서 볼 수 있듯이 중심이 되는 내용만 남기고 배경의 전부를 없앤다.

그림 4.17 배경이 제거된 이미지

때로는 배경 색상이 주요 오브젝트와 비슷해서 일부가 남거나 제거되는 오류가 발생할 수 있다. 다음 화면과 같이 크기를 조정할 수 있는 브러시로 이미지의 일부를 다시 복원하거나 지울 수 있는 **지우기**와 **복원** 도구가 있다.

그림 4.18 배경 제거 복원 및 지우기 브러시

제거 과정에 만족했고 부분적으로 복원이나 지우기 조정을 마치면 상단의 **완료됨**을 선택한다. 이제 디자인에서 배경을 제거한 이미지를 사용할 준비가 됐다.

마지막으로 사용자의 이미지보다 캔바 내의 이미지를 사용하고 싶다면 컷아웃 부분을 살펴본다. 여기서는 많은 이미지의 배경을 이미 제거해 제공한다. 이 옵션은 **사진** 탭의 오른쪽 모서리에 있는 3개의 줄과 원의 모양 아이콘으로 다음 화면처럼 보인다.

그림 4.19 캔바 이미지의 컷아웃 옵션

:: 요약

4장에서는 캔바의 디자인에 필수적인 작은 기능 몇 개를 살펴봤다. 그룹을 만들고 여러 요소를 이동시키는 방법을 알아보고 텍스트의 정렬과 간격 조정 방법도 살펴봤다. 이제 투명도를 조정하고 요소의 위치를 고정할 수 있고, 배경 제거 도구를 사용할 수 있다. 다양한 소셜 채널에 맞게 크기를 조정하는 방법도 살펴봤고 캔바에서 레이어 작업을 어떻게 하는지, 효과적인 디자인 생성을 위해 이 레이어를 이동시키는 방법도 살펴봤다.

지금까지 캔바의 디자인 생성에 대한 많은 것을 살펴봤으므로 5장에서는 브랜드를 위한 중요한 내용들을 살펴보고 설정해본다.

2부

브랜드 생성과 디자인 팁

이제 계정 설정 방법을 알고 자신의 디자인을 만들 수 있으며 또한 캔바 라이브러리의 템플릿을 편집하고 사용할 수도 있다. 다음 단계는 자신의 올바른 브랜드, 즉 자신의 일에 한결같고 정확한 브랜드를 만드는 것이다. 2부에서는 브랜드의 모든 것과 캔바에서 브랜드를 구축하는 방법을 살펴봄으로써 비즈니스용의 전체 디자인에 일관성이 있는 브랜드가 될 수 있을 것이다. 비즈니스용 그래픽을 만드는 캔바의 인기 기능을 좀 더 자세히 살펴본다. 그리고 디자인이 눈길을 끌 수 있게 디자인에 약간의 특별함을 추가하는 작업을 따라 할 수 있는 튜토리얼을 볼 수 있다. 마지막으로 완벽하고 보는 이가 매력적으로 느끼는 디자인을 만들고자 디자이너의 가이드라인이 되는 디자인 원칙을 잊지 않고 이 원칙을 디자인에 적용하는 방법을 살펴본다.

2부는 다음과 같은 장으로 구성된다.

- 5장 브랜드를 위한 환상적이고 생산적인 도구 탐색
- 6장. 전문가 느낌의 디자인 만들기 핵심 노하우

- 7장. 알아야 할 5가지 그래픽 디자인 원칙

05

브랜드를 위한 환상적이고 생산적인 도구 탐색

모든 비즈니스에서 추천하는 일 중 하나가 디자인을 시작하기 전에 캔바에서 자신의 브랜드를 설정하는 것이다. 캔바에서 만든 브랜드가 있으면 일관성 있는 브랜드 그래픽을 훨씬 쉽고 빠르게 만들 수 있다. 이로써 시간을 아끼면서 브랜드를 유지할 수 있다. 예를 들어 파란색을 사용할 수 있지만 파란색도 수천 가지의 종류가 있으므로 브랜드 이미지에 맞는 정확한 색을 가져야 한다.

5장에서 다루는 내용은 다음과 같다.

- 브랜드
- 일관성의 중요성
- 캔바의 환상적인 색상 조합기
- 캔바의 글꼴 탐색
- 브랜드 키트 생성
- 저작권과 상표권

5장을 마치면 브랜드의 구성과 캔바에서 색상, 글꼴 조합을 사용해 자신의 브랜드 키트를 만드는 방법을 이해할 수 있다. 게다가 캔바를 사용할 때의 기본적인 저작권과 상표권 규칙도 알 수 있다.

⁂ 브랜드

브랜드는 비즈니스에 대한 이야기로, 시청자나 고객 등 관련 있는 모든 사람이 당신이 무슨 일을 하는지 공유할 수 있게 한다. 브랜드로 미래 고객과의 관계를 정의하고 고객의 관심을 끌 수 있다.

브랜드를 설계할 때는 진지한 고민이 필요하다. 브랜드 생성 작업에 착수하기 전에 표적 시장이 누구인지, 그들에게 어떻게 도움이 될 수 있는지 등 비즈니스에 대한 정의를 명확하게 하는 것이 좋다.

브랜드 자체만으로도 별도의 책으로 다뤄야 할 만큼 충분히 큰 주제이므로 5장에서는 브랜드가 어떻게 보이고 또 어떻게 보이기를 바라는지에 대한 기본적인 방안이 있다고 가정한다.

여기서 살펴볼 브랜드는 다음의 내용을 포함한다.

- **비즈니스 명칭**

    간단하게 기억하기 쉬우면서 무엇을 하는지 알 수 있는 이름을 찾고자 같은 분야의 다른 비즈니스에서 사용하지 않는 단어와 구절을 찾는다. 그리고 웹사이트의 도메인으로 사용할 수 있는지 확인한다. 도메인으로 사용할 수 있다면 일관성과 권한을 얻는 데 도움이 된다.

    여기서는 나의 비즈니스를 예로 든다. 나는 디자인을 가르치고 있어서 비즈니스 디자인 아카데미 Business Design Academy라고 이름 지었고 도메인 역시 마찬가지다.

그림 5.1 비즈니스와 도메인 이름 매치

- **로고**

  로고는 캔바에서 생성할 수 있지만 할 수 있는 작업의 제약이 있다. 이
  내용은 8장에서 자세히 다룬다. 지금은 확인할 수 있는 템플릿의 일부를
  살펴보면서 사용하려는 로고의 종류를 생각해본다. 종종 단순한 것이
  가장 좋다. 유명한 브랜드 로고를 확인해보면 이 말의 의미를 알게 될
  것이다. 나는 다음과 같이 생성했다.

그림 5.2 단순한 비즈니스 로그 디자인

그리고 조금 작고 더 적은 단어를 사용해 소셜 미디어에서 사용할 수
있는 보조 로고 디자인을 원한다.

그림 5.3 보조 로고 디자인

로고는 깔끔하고 명확하며 단순한 것이 가장 좋다. 기억하기 좋고 인식하기 쉽기 때문이다.

- **이미지**

사용하는 이미지는 여러분의 비즈니스가 무엇을 하는지 그리고 고객들에게 어떻게 인식되고 있는지를 표현할 수 있어야 한다. 밝고 깔끔하고 중립적인 이미지는 온라인 서비스에 적합하고, 꽃무늬의 예쁘고 파스텔톤의 이미지는 화훼 산업에 좋다. 은행, 금융, 전문적인 서비스 기반의 사업은 전문적인 사무실 느낌의 사진이 좋다.

여러분의 이미지는 여러분과 여러분의 비즈니스에 대해 무엇을 표현할까? 다음은 내가 종종 사용하는 이미지다.

그림 5.4 플랫 레이 사진

깨끗하고 중립적이며 전문적으로 보이는 그림 5.4와 같은 플랫 레이 사진을 사용하곤 한다.

- **글꼴**

글꼴의 사용은 적을수록 좋다. 글꼴의 일관성을 유지하고 단순하고 읽기 쉽게 서너 개의 글꼴을 고정적으로 사용한다. 어떤 스타일이 적합할지 확신할 수 없다면 캔바의 글꼴을 살펴본다.

템플릿을 살펴볼 때 옆에 있는 **텍스트** 탭을 선택하면 잘 어울리는 다양한 글꼴의 조합을 볼 수 있다.

그림 5.5 글꼴 조합 예제

디자인에 텍스트를 추가했다면 왼쪽 상단에 표시되는 현재 글꼴을 선택해 캔바에서 지원하는 모든 글꼴을 볼 수 있다.

그림 5.6 캔바에서 사용할 수 있는 다양한 글꼴

여기서 전체 글꼴을 알파벳순으로 확인할 수 있고 브랜드를 위한 글꼴을 메모해둘 수 있다.

현재는 8개의 글꼴을 정의할 수 있다.

다음은 3개의 글꼴다.

- **제목 글꼴:** 비즈니스 명칭과 소셜 미디어 포스트의 주요 정보에 사용한다. 따라서 화려하거나 조금 특이해서 눈길을 끄는 것으로 선택한다.

- **부제목 글꼴:** 읽기 쉽게 깨끗하고 제목 글꼴과 잘 어울리며 타이틀이나 영역 제목으로 쓰인다.

- **본문 글꼴:** 이 글꼴 역시 단순하고 깔끔하며 읽기 쉬워야 한다. 정보의 주요한 본문과 텍스트 구절에 쓰이고 보통은 크기가 작다.

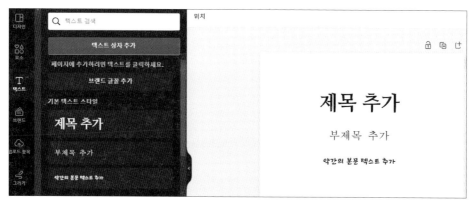

그림 5.7 기본적으로 제시된 3개의 글꼴 스타일

어떤 글꼴이 가장 잘 어울릴지 확신이 서지 않는다면 일반적인 글꼴로 시작한다. 비즈니스의 성장에 따라 브랜드도 변경하고 수정할 수 있다.

- **색상**

마지막으로 내가 브랜드 작업에서 가장 좋아하는 색상이다. 색상으로 당신이 누구인지 보여줄 수 있다.

모든 색상은 서로 다른 의미를 갖고 있고 사람들에게 다양한 느낌을 줄 수 있다. 여기서는 미래의 고객에게 올바른 느낌을 가져다주고자 색상 팔레트를 제대로 설정하는 것이 중요하다. 예를 들어 장례식 안내 책자를 작업하고 있다면 노란색을 대표 색상으로 선정하지는 않을 것이다. 검은색이나 회색이 좀 더 적합할 것이다.

또한 선택한 색상에 대한 애착도 필요하다.

브랜드에는 서로를 보완할 수 있는 서너 개의 대표 색상을 선택하는 것이 좋다. 많지 않아 보이겠지만 이 색상들의 다양한 음영과 색조도 있다. 경험에 따르면 필요한 글꼴의 개수는 거의 비슷하다 색상이 너무 많으면 정신없어 보이고 사람들로 하여금 브랜드를 인식하기 어렵게 만든다.

캔바는 아주 훌륭한 색상 자원인 팔레트가 있고 색상 이상의 의미는 5장의 뒷부분에서 살펴본다.

그림 5.8 색조를 사용한 색상 팔레트 조합

그림 5.8은 색상 팔레트의 예다. 이 팔레트는 3개의 대표 색상과 각각에 대한 다양한 색조를 포함해 브랜드의 중심을 잡으면서 더 넓은 범위의 색상을 사용할 수 있게 한다.

이미지, 글꼴, 색상은 잘 어울려야 하고 일관성을 유지해야 하므로 이 부분을 좀 더 살펴본다.

일관성의 중요성

브랜드에서는 일관성이 상당히 중요하다. 이 주제의 상세한 부분은 너무 방대해 다루지 않겠지만 이번 절에서 개략적으로 살펴본다.

브랜드 일관성은 같은 색상 팔레트, 이미지, 로고, 글꼴을 비즈니스 전반에서 일관되게 사용한다는 의미로, 브랜드의 평판을 높이는 데 도움이 된다.

항상 브랜드를 사용하면 여러분의 소셜 미디어를 팔로우하는 사람들은 여러분의 게시물을 알아챌 수 있을 것이다. 사람들은 여러분의 비즈니스를 친숙하게 느끼기 쉽고, 뭔가 알고 좋아하고 믿는 것으로 보고 콘텐츠를 읽고자 스크롤을 멈추게 될 것이다.

인간은 매우 시각적이다. 사람들은 항상 보던 색상, 이미지, 글꼴이 눈에 띄고 알아볼 수 있다. 빠르게 변화하는 플랫폼이고 아주 경쟁력 있는 콘텐츠로 가득 차 있는 소셜 미디어 채널에서는 가장 중요한 점이다. 누군가의 즉각적인 주의를 끌고 그 누군가가 우리가 무엇을 제공하거나 말하는지 살펴보도록 붙잡아야 한다.

브랜드의 일관성은 이를 위한 하나의 방법이고 색상 팔레트를 사용해 일관성을 유지하는 것은 인식을 용이하게 한다. 하지만 브랜드에 적합한 다양한 색상 팔레트를 어디에서 찾을 수 있을까? 다음 절에서는 캔바에서 제공하는 색상 조합기를 살펴본다.

캔바의 환상적인 색상 조합기

비즈니스 분야를 생각해보자. 금융 분야인가? 꽃 관련 사업? 위생 사업을 하고 있는가? 소매점인가? 각 비즈니스 유형에 따라 다른 색상 팔레트를 작성한다.

다음의 다양한 색상 예의 의미를 살펴보자.

- **파란색:** 충성, 믿음, 안전(은행과 금융 업체에서 파란색을 사용하곤 하는 이유)

- **주황색:** 창의, 온기, 자신

- **빨간색:** 열정, 힘, 에너지

- **분홍색:** 사랑, 배려, 친절

- **검정색:** 열정, 힘, 보안

- **노란색:** 에너지, 밝기, 행복

- **초록색:** 자연, 건강, 자유

캔바의 색상 조합 페이지는 웹사이트(https://www.canva.com/colors/)에 있다. 새로운 색상 팔레트를 찾을 때 이 페이지를 사용하는 것이 좋고, 심지어 색상의 의미에 대한 부분이 있으므로 브랜드 색상에 대해 조사할 때 사용하기 아주 훌륭한 페이지다.

캔바의 색상 웹 페이지에서 색상을 조합하는 4가지 방법이 있다.

1. 첫 번째는 이미지에서 색상을 추출하는 것이다. 예제에서 사용해보자. 다음은 내가 정원에서 직접 촬영한 사진이다.

그림 5.9 분홍 꽃 사진

다음은 사진에서 나온 색상들이다. 이 색상들을 브랜드 색상으로 사용하려면 아래쪽의 HEX 코드 목록을 보관한다. 브랜드 키트를 생성할 때 필요할 것이다.

Chalet Green	Light Orchid	Mulberry	Norway
#537041	#DA92CD	#C55883	#A4C494

그림 5.10 색상 팔레트

색상 이름 아래의 #으로 시작하는 HEX 코드를 추가해 디자인 내에서 이 색상들을 사용할 수 있다.

2. 두 번째는 다양한 색상 팔레트를 활용하는 방법이다.

그림 5.11 색상 팔레트 선택

원하는 팔레트를 선택할 수 있고 모든 HEX 코드와 추가 옵션이 있는 페이지를 표시할 것이다.

3. 세 번째 방법은 색상환^{Color wheel}이다. 바퀴 모양 위에서 서로 마주보고 있으므로 여기서 서로 보완이 되는 색상을 선택할 수 있다. 또는 동일한 간격으로 위치한 3가지 색상을 선택할 수 있다.

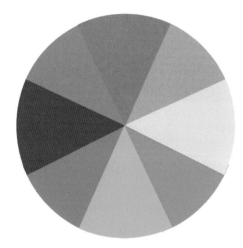

그림 5.12 기본 색상환

그냥 살펴보기에도 좋고 특히 잘 어울리는 색상을 고르고 싶거나 확신
이 서지 않을 때 훌륭한 기능이다.

4. 마지막으로 색상 의미를 살펴본다. 여기서 각 색상이 무엇을 표현하는
   지, 색상의 역사와 상징 그리고 어떻게 사용하는지 더 배울 수 있다.

그림 5.13 색상 블록

각 색상 블록을 클릭해 정보를 얻을 수 있다. 이는 새로운 비즈니스를 시작할 때 브랜드 색상을 선택하기 좋고, 비즈니스를 위한 적절한 팔레트를 선택했는지 확신할 수 있는 아주 흥미로운 페이지다.

색상에 대한 많은 정보를 살펴봤고, 다음은 글꼴을 살펴본다.

⁖ 캔바의 글꼴 탐색

캔바는 수백 개의 글꼴을 사용할 수 있게 지원한다. 일부는 창의적인 손 글씨 글꼴이고 나머지는 기업적이거나 현대적인 글꼴다. 또한 일부는 빈티지 스타일이거나 굵은체다. 원하는 글꼴을 선택할 수 있다. 왕관 무늬 아이콘으로 표시된 글꼴은 프로 계정에서 사용할 수 있고, 없는 글꼴은 무료로 사용할 수 있다.

방대한 양의 스타일 글꼴에서 브랜드에 맞는 글꼴을 선택하는 것은 힘든 일이다. 어떻게 할 것인가?

비즈니스 분야를 살펴보자. 무엇을 하는가에 따라 글꼴 스타일을 고르는 데 도움이 될 수 있다. 법인 업무, 금융 또는 대형 산업은 종종 줄무늬의 굵은체 글꼴이 잘 어울리지만 여성 건강이나 어린이 공예 수업이라면 좀 더 부드럽고 둥그런 느낌의 글꼴이 좋을 수 있다.

시작하기 가장 좋은 방법은 캔바의 글꼴을 둘러보고 보기 좋은 글꼴의 이름을 적어둔다. 텍스트 위치를 고려하고자 글꼴 드롭다운의 상단 헤더를 사용하고 비즈니스 명칭, 부제목 그리고 본문을 위한 3개의 글꼴을 선택한다.

글꼴 메뉴에는 손 글씨, 현대적인, 멋진, 레트로, 브러시, 코믹, 그래피티, 넓은을 포함하는 다양한 글꼴 구분이 있으나 이게 전부는 아니다.

그림 5.14 글꼴 영역

왼쪽/오른쪽 화살표를 사용해 다른 글꼴 구분을 찾을 수 있다. 5장의 첫 번째 절에서 언급했듯이 서너 개의 글꼴을 선택해 브랜드의 일관성을 유지한다. 너무 많으면 어지러워 보이고 브랜드의 이미지를 희석시킨다.

캔바에서 글꼴을 찾을 수 있는 또 다른 곳은 왼쪽 메뉴의 **스타일** 영역이다. 캔바는 몇 개의 글꼴과 색상 팔레트로 이뤄진 미니 브랜드 보드를 제공한다. 이를 사용해 템플릿의 분위기를 빠르게 바꾸기 좋고 또한 어떤 글꼴이 잘 어울릴지 아이디어를 얻을 수 있다.

그림 5.15 스타일을 사용한 템플릿 변경

같은 템플릿에 2개의 예제가 있고 서로 다른 스타일 보드를 사용한다. 요소와 이미지만 동일하게 유지된다.

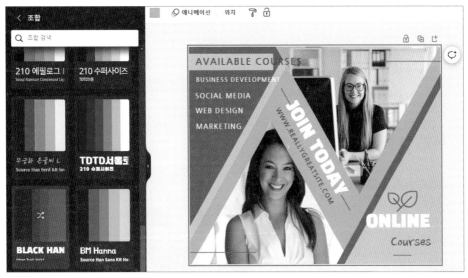

그림 5.16 스타일을 사용한 템플릿 변경

브랜드를 마무리할 시간이다. 로고와 색상 팔레트, 글꼴, 이미지를 살펴봤다. 이제 이 모든 것으로 브랜드 키트를 생성하자.

브랜드 키트 생성 방법

이제 브랜드 키트에 무엇을 넣을 것인가에 대한 생각이 정리됐을 것이다. 다음 단계는 캔바에서 디자인을 만들 때 사용할 수 있게 브랜드 키트를 생성하는 것이다.

프로와 무료 두 종류의 계정에 따라 브랜드 키트를 생성하는 방법도 2가지다. 먼저 프로 계정을 살펴보고 계정에서 사용할 브랜드 키트를 설정해본다.

프로 계정으로 브랜드 키트 생성

브랜드 키트를 찾으려면 캔바 계정으로 들어가서 왼쪽의 메뉴에서 **브랜드 링크**를 선택한다. 그러면 브랜드 페이지가 열린다. 우측 상단에서 **새 항목 추가** 버튼 버튼을 선택해 새로운 키트를 생성할 수 있고 이미 생성한 키트를 선택할 수 있다.

다음은 내가 가진 2개의 브랜드 키트다.

그림 5.17 브랜드 키트 페이지

새로운 키트를 만들고자 먼저 새 항목 추가 버튼을 선택한다.

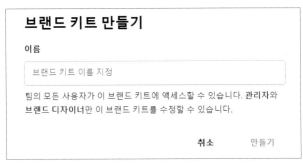

그림 5.18 새로운 브랜드 키트 만들기

키트의 이름을 지정한다. 나중에 수정할 수 있으므로 처음부터 걱정할 필요는 없다. 그리고 만들기 버튼을 선택한다. 이제 내용을 추가할 수 있는 빈 브랜드 키트가 생겼다.

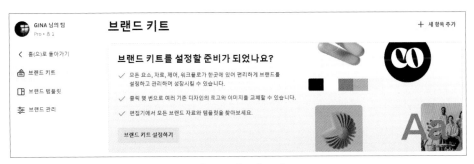

그림 5.19 빈 브랜드 키트

시작하기 버튼을 선택하면 빠르게 생성할 수 있는 기능이 나타나고, 먼저 브랜드 템플릿 세트를 생성할 수 있다. 이 기능은 6장에서 살펴본다.

로고 영역으로 스크롤하고 로고를 추가해본다. 자신의 로고가 있다면 좋지만 처음에는 템플릿을 사용하는 것이 좋다.

로고로 추가하려면 이미지 형식이어야 한다. 아직 해보지 않았다면 로고를 다운로드해야 한다. 디자인의 가장 상위 메뉴에서 **공유** 버튼을 선택하고 **다운로드**를 선택한다. 파일 형식은 PNG로 설정돼 있을 것이다. 다음으로 이 디자인을 컴퓨터나 모바일에 저장한다.

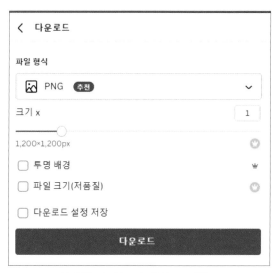

그림 5.20 로고를 PNG 형식으로 다운로드

이제 브랜드 키트 설정으로 다시 돌아가 왼쪽의 메뉴에서 **로고**를 선택하고 그 아래 보이는 박스 안의 링크를 선택한 후 이미지를 찾아 추가하거나 이미지를 해당 박스로 끌어다 놓을 수 있다. 로고를 성공적으로 브랜드 키트에 추가했다면 이 과정을 반복해 다른 로고나 보조 로고를 추가할 수 있다.

그림 5.21 브랜드 키트 로고 업로드

이제 브랜드 색상을 추가한다. 색상에 대해 소개했던 부분의 HEX 코드 목록을 갖고 있는가? 지금 그 코드들이 필요하다. 분홍색 꽃 이미지를 사용해 생성했던 색상 팔레트를 사용할 것이다.

그림 5.22 분홍 꽃 이미지에서 추출한 색상 팔레트

새로운 색상 팔레트를 시작하려면 먼저 색상 팔레트 아래의 플러스 기호를 클릭한다.

그림 5.23 브랜드 키트의 색상 추가

이제 원하는 색상을 새로 추가할 수 있는 옵션이 열린다. 하얀 원을 움직여 새로운 색상을 선택하거나 HEX 코드를 붙여넣어 브랜드에서 사용할 특정 색상을 생성할 수 있다.

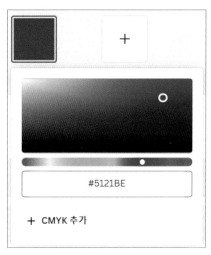

그림 5.24 브랜드 색상 옵션

여기서는 플러스 기호를 클릭하는 과정을 반복해 색상 팔레트에서 4가지 색상의 HEX 코드를 복사해 붙여넣는다. 다음은 새로운 색상 팔레트다.

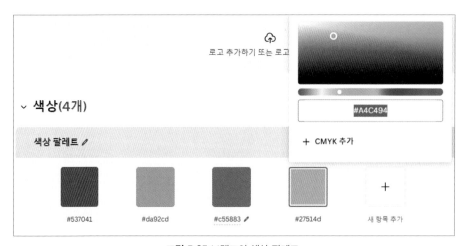

그림 5.25 브랜드의 색상 팔레트

여러 개의 색상 팔레트를 추가할 수 있다. 예를 들어 서로 다른 색상을 사용하는 여러 프로젝트가 있다면 **색상 팔레트** 영역 상단의 플러스 기호를 선택해 필요한 만큼 팔레트를 추가할 수 있다.

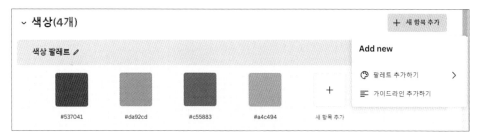

그림 5.26 색상 팔레트

이 절의 마지막으로 글꼴을 추가하는 방법을 살펴본다. 이를 위해 제목, 부제목, 본문 등의 글꼴을 추가할 수 있는 영역을 볼 수 있다. 각 영역을 클릭하면 캔바가 드롭다운 메뉴로 제공하는 글꼴을 선택할 수 있다.

그림 5.27 캔바의 글꼴 박스

다음 과정에 따라 각 글꼴 설정 박스에 브랜드 글꼴 설정을 추가한다. 하지만 사용하고 싶은 글꼴이 없다면 프로 계정으로 외부의 글꼴을 캔바에 업로드할 수 있다.

그림 5.28 브랜드 키트의 글꼴 선택

글꼴을 업로드하려면 적당한 파일 형식이 필요하고 일반적으로 OTF 또는 TTF 파일 형식이다. 원본 글꼴을 구매하거나 다운로드할 때 전송될 것이다. **글꼴 업로드** 버튼을 클릭하고 파일을 찾는다. 그러면 사용할 수 있게 업로드되고 디자인을 생성하는 과정에서 글꼴 목록에 나타난다.

무료 계정으로 브랜드 키트 생성

프로 계정에서 브랜드 키트를 생성하는 내용은 전부 살펴봤지만 이 옵션은 무료 계정에서도 사용할 수 있다. 하지만 HEX 코드를 사용해 3개의 색상을 색상 팔레트에 추가할 수 있다. 그 이후에 캔바의 템플릿을 사용해 키트를 생성할 수 있다.

무드 보드, 브랜드 보드 또는 브랜드 키트 같은 용어를 검색하면 도움이 되는 많은 수의 템플릿을 볼 수 있다. 자신의 느낌에 맞는 것을 선택하되 모든 것이 편집 가능하다는 점을 기억한다.

그림 5.29 무드 보드 예제 템플릿

무드 보드와 브랜드 보드는 다양한 요소를 사용했으므로 각각을 잘 살펴본다. 또한 브랜드 보드 템플릿은 여러 글꼴 옵션과 보조 영역도 있다.

그림 5.30 브랜드 보드 예제 템플릿

여기서는 예제로 다음의 템플릿을 선택했다.

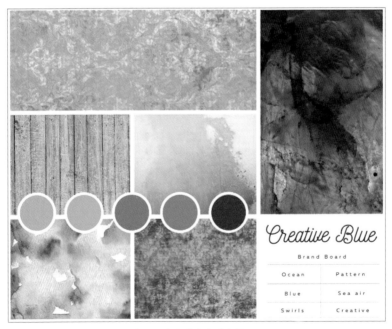

그림5.31 바다 테마의 파란 무드보드

템플릿 내에 여러 이미지 블록과 색상의 원, 다양한 글꼴이 있다. 이 템플릿 대신 자신의 이미지를 캔바에 업로드하거나 기존의 다른 이미지를 대신 사용할 수 있고 빈 공간에 이미지를 끌어다두면 현재의 이미지가 교체될 것이다.

색칠된 원 하나를 클릭하고 자신의 HEX 코드를 입력한다. 색상 영역의 플러스 기호를 선택하고 HEX 코드를 붙여넣을 수 있다.

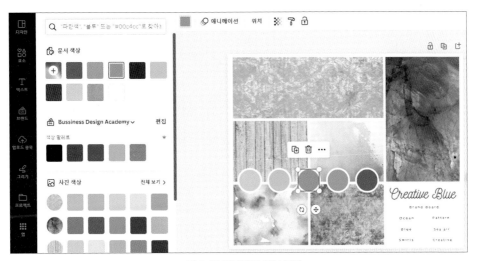

그림 5.32 템플릿의 색상 변경

마지막으로 브랜드 글꼴과 어울리도록 기존 글꼴을 변경할 수 있다. 텍스트 상자를 선택한 후 글꼴 변경을 위한 드롭다운 메뉴를 사용한다. 사용할 수 있는 많은 글꼴이 있고 글꼴의 이름을 선택해 텍스트를 편집할 수 있다.

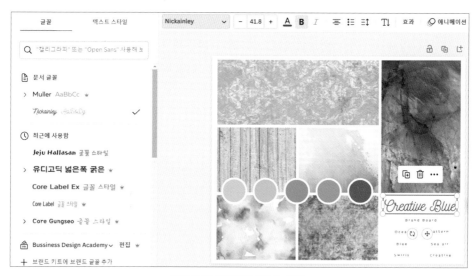

그림 5.33 템플릿의 텍스트 변경

이것이 브랜드 키트를 만드는 가장 쉬운 방법이다. 출력할 수 있고 어딘가에 내보일 수 있다. 비즈니스의 성장과 브랜드의 변경에 따라 템플릿을 수정하고 다시 출력할 수 있지만 비즈니스의 디자인을 만들 때 왼쪽에서 설정한 값이 나타나지 않는다는 점을 기억한다. 프로 계정을 사용하고 계정 내에서 브랜드 키트를 설정한 경우에만 이 내용이 그대로 유지된다.

이제 캔바 내에서의 저작권과 상표권에 대해 알아본다.

저작권과 상표권의 이해

여기서는 캔바의 콘텐츠를 사용해 무엇을 할 수 있고 무엇을 할 수 없는지 알아본다. 본격적으로 콘텐츠를 생성하기 전에 플랫폼에 대해 더 알아보고 플랫폼이 어떻게 동작하는지 알아보는 것이 좋다.

라이선스와 저작권

캔바는 무료로 사용할 수 있는 많은 콘텐츠를 지원하는 무료 플랫폼이지만 템플릿, 이미지, 요소를 사용할 때마다 백그라운드에서 여러분에게 사용을 허가하는 라이선스가 생성된다. 프로 계정일 경우 디자인을 반출할 때 모든 것에 대해 라이선스가 자동으로 부여되고, 무료 계정일 경우 프로 콘텐츠에 대해 개별적으로 라이선스를 구매할 수 있다. 무료 콘텐츠는 여전히 출처에 따라 라이선스가 필요할 수 있다. 캔바 내에서 (i) 기호에 마우스를 올리면 더 많은 정보를 확인할 수 있다.

라이선스를 부여하는 이유는 콘텐츠의 상당수를 캔바 외부의 디자이너가 만들었기 때문이다. 콘텐츠에 대한 권리를 그 디자이너들과 캔바가 갖고 있고 이런 이유로 콘텐츠를 사용하는 데 라이선스가 필요하다.

콘텐츠의 저작권은 캔바 또는 디자이너가 갖고 있다.

템플릿

템플릿은 대부분의 비즈니스 용도에 적합하다. 템플릿을 사용하고, 색상을 수정하고, 글꼴을 변경해 소셜 미디어에서 사용할 수 있다. 하지만 상업적인 사용에는 제약이 있다. 템플릿은 누군가의 소유이기 때문에 판매하려는 제품이나 아이템에 기존 템플릿을 사용하는 것은 추천하지 않는다. 판매용이라면 항상 백지부터 디자인을 생성한다.

물리적인 제품을 판매하려고 디자인을 만들 생각이라면 캔바의 무료 콘텐츠만 사용하고 프로 콘텐츠는 사용하지 않는다. 이는 캔바의 규정과 조건에 맞지 않는다. 최종 사용자가 캔바에서 사용할 수 있도록 콘텐츠를 만들면 사용자는 스스로 템플릿을 수정할 수 있다. 예를 들어 소셜 미디어 템플릿을 디자인할 때 무료와 프로 콘텐츠를 모두 사용할 수 있지만 캔바 사용자의 다수는 무료 계정 사용자라는 점을 기억한다. 템플릿에 프로 콘텐츠를 추가하면 그들은 프로 콘텐츠를 사용하고자 라이선스를 추가로 구매해야 하고, 이런 갑작스러운 비용으로 인해 최종 사용자에게 이상적이지 않을 수 있다.

상표권

캔바에서 상표는 일반적으로 로고에 대해서만 적용되지만 실제로는 모든 콘텐츠에 적용된다. 앞에서 언급했던 것처럼 사용자가 캔바의 콘텐츠를 소유하는 것이 아니므로 로고(또는 캔바의 다른 콘텐츠)를 상표화할 수 없다. 로고 디자인를 구성하는 요소나 템플릿은 다른 사람의 소유이기 때문이다. 이는 다른 사람들이 사용할 수 있다는 의미이고, 유일하지 않거나 상표로 사용할 수 없다는 의미가 된다. 비즈니스 로고의 상표권을 원한다면 캔바의 외부에서 생성해야 한다. 캔바의 콘텐츠를 사용해 생성되지 않았더라도 여전히 업로드해 디자인에 사용할 수 있다.

그저 임시 로고이거나 영감을 얻기 위한 것이어서 로고를 상표화할 수 없어도 괜찮다면 어떤 템플릿이든 사용할 수 있다. 캔바에는 훌륭한 로고 템플릿이 많고 브랜드를 시작할 때 도움이 될 것이다.

이 주제에 대해서 언급한 내용이 전부는 아니다. 여기서는 대략적인 내용을 소개하고 싶었다. 캔바의 라이선스에 대한 더 많은 정보와 상세한 내용은 캔바 웹사이트(https://www.canva.com/policies/license-agreements)에서 찾아볼 수 있으므로 캔바를 사용하기 시작할 때 확인한다.

5장을 마치며 여기서 다뤘던 비즈니스 브랜드를 생성하는 방법을 살펴본다.

⠿ 요약

5장에서는 브랜드와 브랜드 키트 생성에 대한 많은 정보를 소개했다. 브랜드의 기초와 브랜드를 만드는 방법도 알아봤다. 서로 보완하는 색상에 대해 살펴봤고 색상의 의미를 알아봤다. 다양한 글꼴과 스타일을 알아보고 캔바에서 찾는 방법을 살펴봤다. 이미지와 일관성의 중요성, 템플릿의 사용법을 살펴봤다. 브랜드 키트를 생성하고 비즈니스에서 사용할 수 있는 브랜드를 완성하고자 키트를 채우는 방법도 알아봤다. 저작권과 상표권도 다뤘으므로 이제 캔바의 콘텐츠로 무엇을 할 수 있고 무엇을 할 수 없는지 알았을 것이다.

지금까지 캔바에서 디자인의 생성과 브랜드 설정에 대한 것들을 살펴봤다. 이제 좀 더 재미있는 작업을 해보자. 6장에서는 따라 할 수 있는 5가지 튜토리얼을 살펴본다.

06

전문가 느낌의 디자인 만들기 핵심 노하우

6장에서는 캔바에서 보기 좋은 브랜드 그래픽을 빨리 만드는 방법을 이해하는데 도움이 되는 기능을 좀 더 살펴본다. 그리드와 프레임 같은 훌륭한 요소도 살펴본다. 둘 다 캔바의 아주 훌륭한 기능이고 내가 아주 좋아하는 기능이다.

6장에서 다루는 내용은 다음과 같다.

- 깊이를 표현하는 그라데이션

- 빠른 생성 기능

- 그리드를 사용한 빠르고 효과적인 디자인

- 프레임 생성

- 문서용 차트 생성

6장을 마치면 디자인에 그라데이션과 그리드, 프레임, 치드를 추가할 수 있고 여러 플랫폼용 브랜드 그래픽을 생성하는 빠른 생성 기능을 사용하는 방법도 알게 된다.

⁂ 깊이를 표현하는 그라데이션

디자인의 그라데이션은 정보가 눈길을 끌게 만드는 데 상당히 도움이 되는 가능으로 디자인에 약간의 특별함을 준다. 그라데이션을 배경에 추가하면 소셜 미디어 채널에서 가시성이 좋아지고, 잠재적으로 누군가의 눈길을 잡고 스크롤을 멈추게 할 수 있다. 캔바에서 간단하고 빠르게 그라데이션을 추가할 수 있다. 어떻게 하는지 살펴보자.

가장 먼저 템플릿을 연다. 빈 템플릿이거나 기존 템플릿을 편집해 사용할 수 있다. 여기서는 내가 생성한 템플릿을 사용한다.

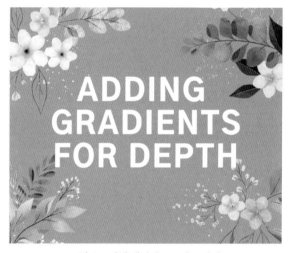

그림 6.1 단색 배경의 꽃무늬 그래픽

이 템플릿은 이미 완벽하다. 단색 배경에 예쁜 꽃무늬 요소가 어울려 있다. 하지만 그라데이션을 추가해 더 좋은 디자인이 될 수 있다. 그라데이션을 찾으려면 먼저 요소의 검색 상자에서 그라데이션을 입력한다. 수많은 다양한 스타일이 나타나고 모양과 크기가 모두 다양하다. 여기서 필요한 것은 더 아래에 있다. 무료 요소이고 2가지 색상을 설정할 수 있는 사각형이다. 둘 다 파란색 색조의 원시적인 요소다.

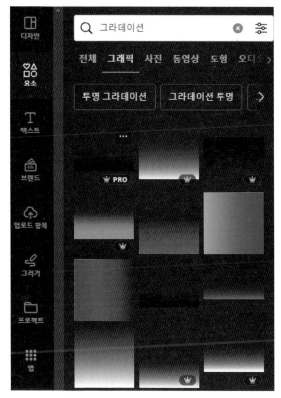

그림 6.2 요소 영역에서 그라데이션 검색

그라데이션을 선택하고 디자인에 추가한 후 모서리의 흰색 원을 끌어 디자인의
전체 크기를 덮게 한다.

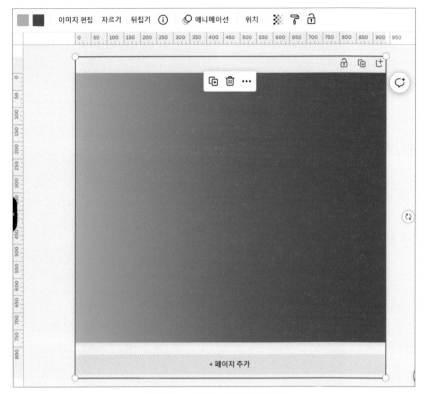

그림 6.3 디자인에 그라데이션 추가

상단 바에서 위치를 선택하고 드롭다운의 맨 뒤로 옵션을 클릭한다. 그러면 디자인의 배경으로 위치하게 될 것이다.

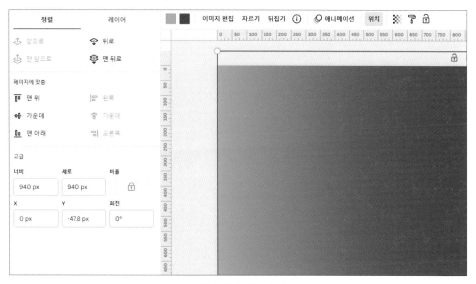

그림 6.4 맨 뒤로 옵션

다음으로 색상을 변경해야 하고 브랜드 색상이나 디자인 내의 색상을 사용할 수 있다. 이번 경우에는 요소 자체의 색상을 사용해본다. 먼저 상단 좌측에 위치한 2개의 **색상** 옵션 중 하나를 선택하면 색상 팔레트가 열린다. 여기서 캔바가 지원하는 색상 선택기를 사용한다. 다음 그림에서 볼 수 있는 색상 추출 아이콘으로 페이지의 어떤 부분 위로 이동하고 색상을 선택해 디자인에서 사용할 수 있게 한다.

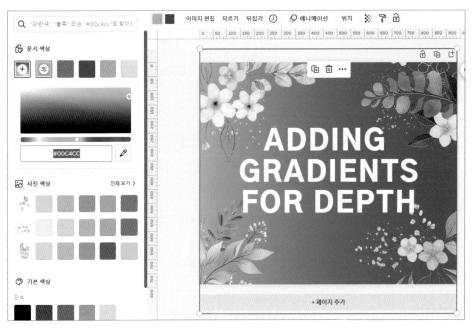

그림 6.5 그라데이션 색상 변경

여기서는 배경 그라데이션을 위한 2개의 색상으로 꽃잎의 밝은 분홍색과 잎의 초록색을 선택한다. 다음이 완성된 디자인이다.

그림 6.6 그라데이션 배경이 완성된 디자인

이 이미지를 원래의 이미지와 비교해보면 간단한 그라데이션 배경으로 인한 디자인의 차이를 볼 수 있다. 자신의 디자인에 그라데이션을 추가해보고 다양한 색상을 적용해 어떤 디자인을 만들 수 있는지 알아보자.

다음은 시간을 절약할 수 있는 캔바의 또 다른 기능을 알아본다.

⁝⁝ 빠른 생성 기능

빠른 생성 기능은 캔바에서 상대적으로 최신 기능이다. 여러 플랫폼용 그래픽을 빠르게 만들어야 하지만 스타일의 조건에 맞춰야 할 때도 아주 유용하다. 따라서 프로젝트, 전자책, 강의 자료 또는 판촉물 등의 작업이 있다면 이 기능을 살펴보자.

빠른 생성 기능을 열려면 캔바 홈페이지의 소셜 미디어 영역을 살펴봐야 한다.

그림 6.7 캔바 홈페이지의 옵션 아이콘

여기서 많은 소셜 미디어 템플릿, 이미지, 콘텐츠 아이디어를 볼 수 있지만 가장 먼저 Quick Create 컬렉션을 찾는다. 4개의 분홍색과 파란색 그래픽의 이미지를 클릭하면 이 기능을 사용해 생성할 수 있는 단계별 페이지가 열릴 것이다.

Quick Create 컬렉션
소셜 미디어를 위한 디자인 컬렉션을 가장
빠르게 만들 수 있는 방법입니다.

그림 6.8 빠른 생성 기능

처음으로 결정해야 할 것은 어떤 플랫폼용 그래픽을 생성할 것인지다. 각 플랫폼 옆의 하얀 상자를 선택해 플랫폼을 고른다.

그림 6.9 빠른 생성 기능 1단계: 형식 선택하기

여기서는 인스타그램과 페이스북, 트위터, 핀터레스트, 링크드인을 선택했다. 플랫폼을 선택했다면 계속을 클릭하고 다음 단계로 넘어간다.

그림 6.10 빠른 생성 기능 2단계: 텍스트 추가

이 페이지의 오른쪽에서 다양한 템플릿 스타일을 많이 찾을 수 있고 왼쪽에서 2개의 텍스트 상자를 볼 수 있다.

첫 번째 텍스트 상자에 주요 정보를 추가하고 두 번째에 보조 정보를 추가한다.

그림 6.11 빠른 생성 기능 2단계

정보를 입력하면 자동으로 이 정보가 오른쪽의 템플릿에 반영되므로 어떻게 보이는지 확인할 수 있다. 입력을 마치면 계속 버튼을 누르고 다음 단계로 넘어간다.

이제 자신의 이미지와 로고를 디자인에 추가한다. 업로드한 파일을 보여주므로 이미 갖고 있는 사용 가능한 이미지를 선택할 수 있다. 또는 직접 업로드할 수 있다. 이미지를 선택하고 템플릿에 추가한다. 로고도 같은 방법으로 추가한다. 완료 후 계속 버튼을 클릭한다.

그림 6.12 빠른 생성 기능 3단계: 이미지와 로고 추가

이제 재미있는 부분이다. 사용하고 싶은 템플릿 스타일을 선택한다. 여러 템플릿을 살펴보고 프로젝트에 적합한 것을 고른다. 다음 단계가 있으므로 색상이나 글꼴은 걱정하지 않는다.

스타일을 선택했다면 계속을 선택한다. 그러면 각 템플릿을 볼 수 있다.

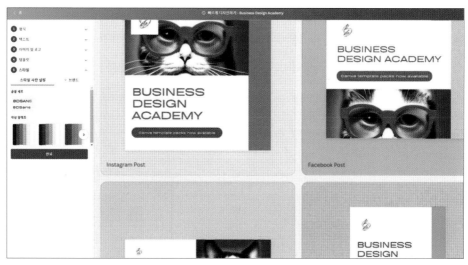

그림 6.13 빠른 생성 기능 4단계: 템플릿 선택

색상을 선택할 수 있다. 여기서는 몇 개의 옵션이 있다. 브랜드 색상을 사용하거나 저장했던 색상 팔레트를 사용할 수 있다. 아래로 스크롤하면 캔바가 선택할 수 있는 여러 색상 팔레트를 제시한다. 이 예제에서는 갖고 있는 다른 요소들과 어울리게 브랜드 색상을 선택한다.

색상이 만족스럽다면 이번에는 글꼴을 선택한다.

그림 6.14 빠른 생성 기능 5단계: 스타일

캔바는 여러 글꼴을 선택할 수 있게 지원한다. 사전 설정된 템플릿의 글꼴이나 브랜드의 글꼴을 사용할 수 있다. 여기서는 크고 진한 글꼴이 템플릿 스타일에 어울린다. 선택을 마쳤다면 **완료**를 클릭한다. 그러면 템플릿이 생성될 것이다.

그림 6.15 완성된 디자인 다운로드

이제 컬렉션을 다운로드해 사용하거나 내 컬렉션 보기를 선택하면 캔바 계정으로 템플릿이 열린다. 여기서 필요하다면 각각을 수정할 수 있다.

그림 6.16 캔바 계정에 저장된 디자인

이제 사용할 수 있는 템플릿의 컬렉션이 생겼다. 콘텐츠를 한 번만 만들었지만 이 콘텐츠의 크기는 조절할 필요가 없다. 이는 아주 유용한 기능이다. 시간을 절약할 수 있는 또 다른 기능은 그리드다. 그리드를 살펴보자.

그리드를 사용한 빠르고 효과적인 디자인

나는 그리드(격자)를 아주 좋아한다. 내 훈련 과정의 참가자나 내 튜도리얼을 보는 사용자에게 항상 그리드를 언급한다. 몇 분 만에 여러 이미지와 비즈니스 명칭, 브랜드, 정보 사이의 여백을 설정해 매력적인 그래픽을 만들 수 있다. 그러므로 이제 템플릿에 그리드를 추가하는 방법을 알아보자.

그리드는 캔바의 <u>요소</u> 영역에서 찾을 수 있다. 백지 템플릿을 열고 요소 영역을 선택한 후 아래로 스크롤하면 그리드 영역을 찾을 수 있다.

그림 6.17 요소 영역에서 그리드 찾기

이제 초록 언덕과 파란 하늘, 하얀 구름을 포함하고 있는 직선 모서리를 갖는 여러 요소의 긴 목록을 볼 수 있다. 하얀 구름과 초록 언덕, 푸른 하늘을 포함하고 있는 캔바의 모든 요소에 색상이나 이미지 또는 동영상을 추가할 수 있다. 아래로 스크롤해 서로 다른 크기의 사각형이 있는 그리드를 선택한다.

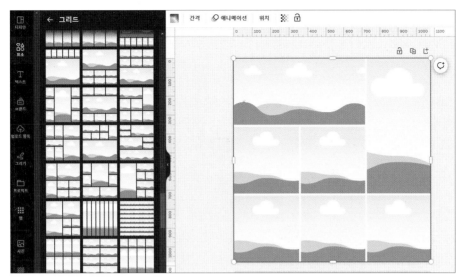

그림 6.18 디자인에 그리드 추가

이제 모서리의 흰색 원을 사용해 그리드의 테두리를 주고 이미지를 끌어다 놓는다. 이는 **업로드 항목** 영역이나 캔바의 이미지 라이브러리에서 끌어올 수 있다. 여기서는 세일 포스트를 위한 가을 쇼핑 느낌의 이미지를 추가한다.

그림 6.19 그리드에 이미지 추가

그리드에 이미지를 채운 후 비즈니스 명칭이나 로고, 판매 장소 등 약간의 정보를 추가하고 싶을 수 있다. 중앙 이미지를 선택하고 삭제한 후 색상 팔레트로 이동해 배경과 같은 색상의 사각형으로 수정한다.

이제 추가 정보를 추가할 수 있는 공간이 생겼다.

그림 6.20 정보를 위한 공간이 생긴 디자인

이 예제에서는 중앙의 사각형에 3개의 텍스트 상자와 나뭇잎 아이콘을 추가해 공간을 유지한다. 다음은 완성된 디자인이다.

그림 6.21 완성된 디자인

몇 번의 클릭으로 소셜 미디어의 프로필로 사용할 수 있는 훌륭한 이미지를 얻었다. 이 예제는 그리드와 텍스트 상자를 사용해 만든 가을의 세일 홍보 이미지가 됐다.

다음은 프레임을 사용해 그래픽을 만드는 방법을 살펴본다. 그리드와 비슷하지만 좀 더 흥미롭다.

프레임 생성

프레임^{frame}은 그리드와 비슷하게 이미지, 색상, 동영상을 추가할 수 있지만 단지 사각형이 아니라 모양이 다양해서 재미있는 그래픽을 만들기 좋다. 그리드와 마찬가지로 요소 메뉴에서 아래로 스크롤해 **프레임** 영역을 찾을 수 있다.

여기서는 디자인 예제의 기초로 낙서 스타일의 프레임을 추가한다.

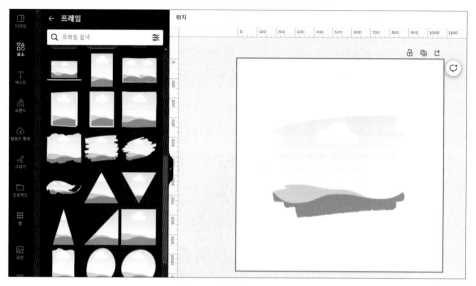

그림 6.22 템플릿에 프레임 추가

이 예제에서는 비디오 블로그 템플릿을 만든다. 하지만 선택에 따라 어떤 스타일로든 만들 수 있다. 직접 책상 위의 노트북, 펜 그리고 태블릿이 보기 좋게 찍힌 플랫 레이 사진을 추가한다. 이는 캔바의 **사진** 영역에서 찾을 수 있다. 그리고 상단에 텍스트 상자를 추가한다. 하단에는 사각형 모양을 추가하고 템플릿을 가로지르게 늘린다. 그 후 정보를 추가할 수 있는 또 다른 템플릿 박스를 추가하고 가장 아래에 웹사이트 주소를 넣는다.

그림 6.23 거의 완성된 프레임 기반 디자인

비즈니스에 사용할 수 있는 디자인을 설계하고 있지만 이 디자인은 뭔가 부족하다. 그리드에 색상을 추가할 수 있다는 사실을 알고 있듯이 프레임에도 색상을 추가할 수 있다. 따라서 프레임을 복제하고 색상 옵션을 선택한다. 그리고 프레임을 디자인에 맞는 색상으로 변경한다.

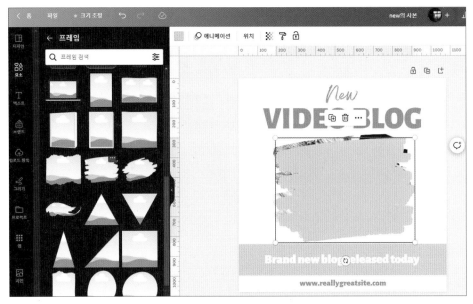

그림 6.24 프레임의 색상 변경

마지막으로 위치 옵션을 사용해 단색의 프레임을 뒤로 보내고 이미지가 있는 프레임의 그림자처럼 위치시킨다. 이제 디자인이 완성됐다.

그림 6.25 완성된 디자인

완성된 디자인이다. 이미지의 프레임 모양 효과를 볼 수 있고 또한 배경 색상과 모양이 겹쳐진 디자인 효과를 볼 수 있다. 이는 평범한 정사각형이나 직사각형의 이미지보다 눈에 띈다.

프레임과 그리드는 소셜 미디어 그래픽을 빠르게 생성하기에 좋지만 때로는 더 많은 정보를 추가하고 싶을 수 있다. 이 경우 캔바의 차트를 사용할 수 있다. 다음으로는 차트를 만드는 방법을 살펴본다.

⁖ 문서용 차트 생성

차트는 달력, 플래너, 인포그래픽 등 다양한 그래픽에서 사용되므로 디자인에 차트를 추가하는 방법을 알면 더 많은 정보를 더욱 훌륭한 방법으로 제공할 수 있다.

차트와 표는 모두 요소 영역에서 찾을 수 있다. 아래로 스크롤하면 **차트** 또는 **표** 영역을 찾을 수 있다.

차트

차트 중 하나를 선택해보자. 캔바는 선택한 차트를 수정할 수 있도록 다양한 옵션을 제공한다.

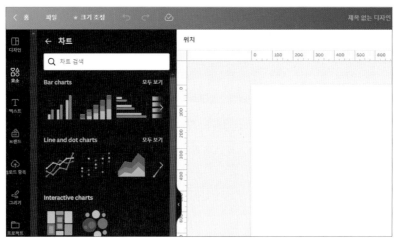

그림 6.26 캔바에서 차트 찾기

가장 단순한 차트는 진행 표시 링 차트다. 왼쪽의 2개의 슬라이드 바를 볼 수 있다. 백분율은 표시 링의 파란색 부분을 변화시키고, 선 두께는 표시 링의 두께를 바꾼다. 또한 백분율의 수치를 차트의 중앙에 표시할 수 있고 모서리를 둥글게 만들 수 있다.

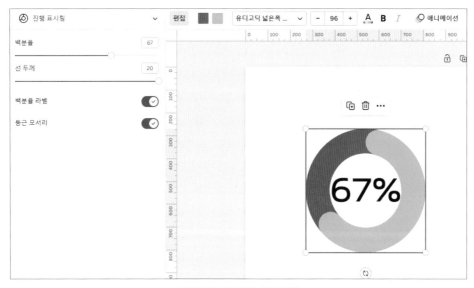

그림 6.27 기본적인 차트 편집

더 많은 상세 정보와 다양한 옵션을 직접 추가하고 싶다면 **누적 막대 차트** 옵션을 선택하거나 비슷한 차트를 고른다. 이 차트는 자신의 CSV 파일을 업로드하거나 수동으로 왼쪽의 박스에 입력할 수 있다. 그렇게 하면 디자인의 차트가 바뀌기 시작한다.

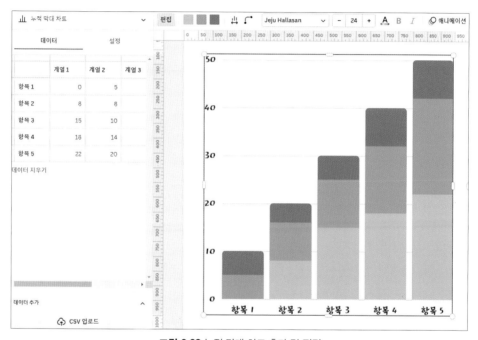

그림 6.28 누적 막대 차트 추가 및 편집

설정 탭을 클릭하면 차트를 조정할 수 있는 몇 개의 옵션이 더 있다.

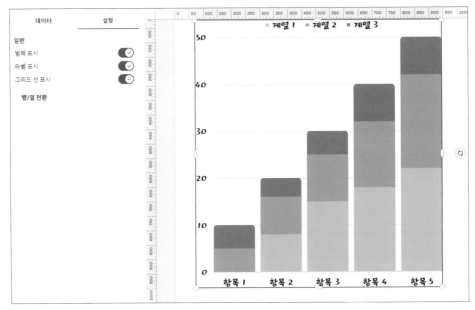

그림 6.29 누적 막대 차트 설정

디자인에 추가할 수 있는 몇 가지 종류의 차트가 있다. 몇 가지 예를 들면 진행 표시 링, 막대 차트, 파이 차트, 선 차트가 있다. 모든 차트가 정보를 추가하고 필요에 따라 설정을 변경할 수 있는 옵션이 있다.

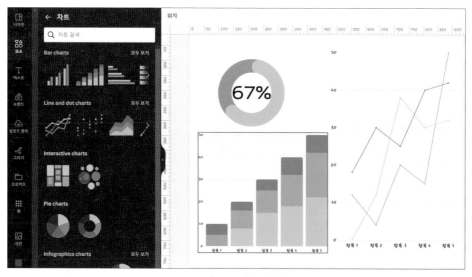

그림 6.30 차트 선택

차트는 평범한 텍스트보다 누군가의 시선을 좀 더 붙잡으며 시각적으로 정보를 전달하는 훌륭한 방법이다. 다음으로 표를 살펴본다.

표

표는 플래너, 달력, 전단지, 팜플렛 같은 디자인을 만들기에 가장 좋은 방법으로, 버튼을 클릭해 정보를 넣는 사각형을 만들 수 있다.

몇 개의 표 스타일을 사용할 수 있다. 일부는 선에 색상이 있고 일부는 블록에 색이 있으며 또한 일부는 조금 두드러진 표제를 사용한다. 다음 예제를 살펴보자.

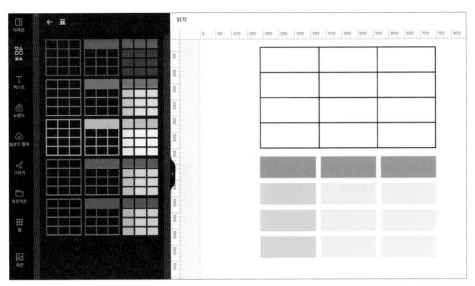

그림 6.31 캔바에서 표 찾기

각 표는 편집할 수 있는 옵션이 있다. 표의 행과 열을 추가하거나 삭제할 수 있다. 행이나 열을 선택하고 행을 편집하려면 왼쪽, 열을 위해서는 위의 3개 점으로 표현된 아이콘을 선택한다. 그러면 행이나 열을 위아래로 이동시키거나 크기를 같게 설정하는 등의 추가 옵션 목록이 표시된다.

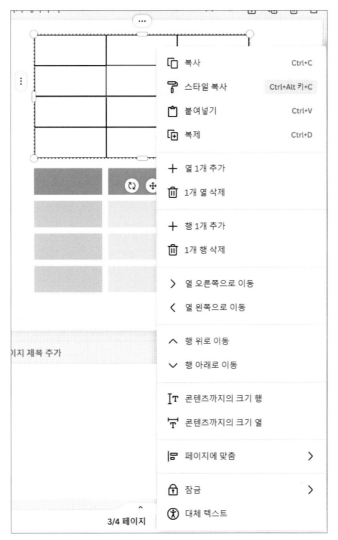

그림 6.32 표의 옵션

행과 열의 개수를 결정했다면 표에 정보를 입력한다. 이를 위해 편집하려는 사각형을 클릭하고 입력한다. 또한 사각형을 선택하고 상단 바의 색상 블록을 통해 각 사각형의 색상을 다르게 설정할 수 있다.

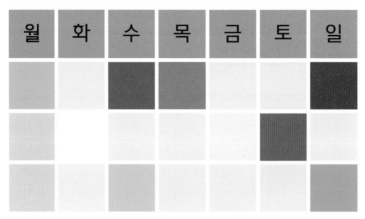

그림 6.33 텍스트와 색상을 추가한 표

상단 바에 2개의 추가 옵션이 있다. 행과 열의 셀 사이 간격을 편집할 수 있고 셀 내부의 간격을 조정할 수 있다.

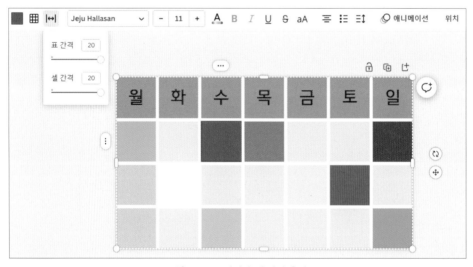

그림 6.34 표 간격과 셀 간격 옵션

마지막으로 선의 색상, 두께 스타일을 변경하는 옵션이 있다.

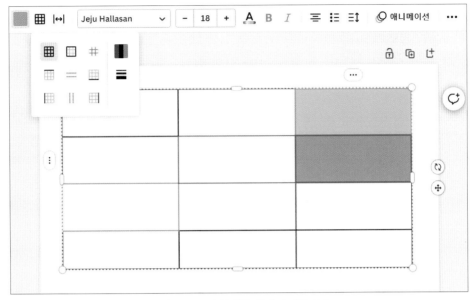

그림 6.35 표의 선 색상, 두께, 스타일 수정

표와 차트는 많은 정보를 표현할 때 사용할 수 있는 훌륭한 기능이다. 표의 많은 부분을 수정할 수 있어 좋다. 단순하거나 지루하지 않고 디자인을 훨씬 더 생생하고 흥미롭게 만든다.

이제 6장의 마무리 단계다. 훌륭한 그래픽을 빠르게 만드는 데 도움이 되는 유용한 기능으로 가득한 이번 장의 내용을 정리해보자.

요약

6장에서는 다양한 여러 기능을 살펴봤다. 시간을 절약할 수 있는 기능뿐 아니라 훌륭한 그래픽을 만드는 기능도 살펴봤다. 이런 기능은 여러분이 따라 할 수 있도록 튜토리얼처럼 소개했다. 또한 디자인의 배경으로 그라데이션을 추가하고 정보를 보여주는 방법을 살펴봤다. 또한 **빠른 생성** 기능을 탐색하고 사용하는 방법, 다양한 플랫폼을 위한 여러 그래픽을 한 번에 생성하는 방법을 알아봤다.

이제 그리드와 프레임을 추가할 수 있고 색상, 이미지, 비디오도 추가할 수 있다. 정보 기반의 소셜 미디어 게시물을 위한 차트를 만드는 방법도 살펴봤다. 지금까지 놀라울 정도로 많은 정보가 있었다.

하지만 기본적인 디자인 원칙을 이해하지 못하고 디자인 작업 방법을 알지 못한다면 어느 것으로도 환상적인 그래픽을 만들 수 없을 것이다. 그러므로 7장에서 디자인 원칙을 살펴본다.

07

알아야 할 5가지 그래픽 디자인 원칙

디자인 원칙은 디자이너가 작업을 할 때 사용하고 맞춰야 하는 가이드라인이다. 이 원칙은 디자인의 세계에서 상당히 중요하고 좋은 디자인과 나쁜 디자인을 결정짓는 차이가 된다. 디자인 원칙을 사용하는 것은 균형이 맞고 완전히 완성된 것으로 보이는 디자인에 대한 이해를 높이는 데 도움이 된다. 심사숙고한 디자인과 미완성 디자인으로 느끼게 되는 차이를 찾는 데 도움이 될 것이다.

7장에서는 캔바 디자인에 도움이 되는 다음과 같은 대표적인 디자인 원칙을 알아본다.

- 대비
- 균형
- 계층
- 정렬
- 반복

7장을 마치면 이런 원칙이 무엇인지 그리고 비즈니스를 위한 놀라운 디자인을 만들 때 어떻게 활용할 수 있는지 이해할 수 있다. 가장 먼저 내가 가장 좋아하는 대비에 대해 알아본다.

⠿ 대비

나는 대비를 좋아한다. 아마추어 사진작가로서 대비가 좋은 사물이나 장소의 사진 찍을 기회를 찾는다.

대비는 디자인의 두 지점 사이의 차이를 말한다. 예를 들어 배경과 주요 초점 사물로 하나는 밝고 다른 하나는 어두운 예를 들 수 있다. 대비를 통해 원하는 정확한 지점으로 보는 사람의 시선을 끌 수 있다. 밝음과 어둠, 두꺼움과 얇음, 큼과 작음, 부드러움과 딱딱함이다. 미묘한 대비 지점이 디자인의 나머지 부분이나 흐름과 잘 맞아야 하고 결과적으로 모든 부분이 잘 어울리게 대비를 너무 많이 사용하지 않는다.

색상

색상은 디자인의 가장 일반적인 대비 포인트다. 기본적인 검은색과 흰색의 잡지 표지를 예로 들 수 있다. 두 색상의 대비가 크지만 전체적인 디자인이 잘 어울린다.

그림 7.1 검은색과 흰색의 잡지 표지

다른 색상을 사용하더라도 색상 팔레트를 단순하게 유지하거나 브랜드에 맞게 유지한다. 대비가 너무 크거나 어울리지 않아 충돌하는 색상은 피한다. 다음의 디자인은 사랑스러운 나뭇잎 배경이고 주요 초점인 텍스트는 중앙에 위치한다. 또한 같은 색상 팔레트를 사용하고 전체적으로 디자인의 브랜드와 흐름, 대비의 균형을 적절하게 유지한다.

그림 7.2 텍스트에 초점을 맞춘 나뭇잎 패턴 디자인

색상을 사용할 때 배경을 디자인의 중심이 되는 포인트와 확연하게 다른 색상을 선택해 보는 사람의 시선을 끌고 눈에 띄게 한다. 요소의 크기를 사용할 수도 있다.

크기

크기는 대비의 또 다른 요소다. 디자인 작업 내에 크고 작은 요소를 넣을 수 있다. 큰 로고나 이미지를 텍스트 블록 옆에 추가해 자연스럽게 시선을 붙잡고 다음으로 조금 작은 텍스트로 향하게 한다. 이런 방법으로 디자인을 통해 원하는 대로 보는 사람의 관심을 이끌 수 있다.

크기는 원근법에 도움이 된다. 디자인의 다른 요소와 사물의 크기에 대한 관계를 고려한다. 예를 들어 실제 세계에서 강아지가 집보다 작다는 사실을 잘 알고 있으므로 디자인을 올바르게 인식할 수 있도록 강아지를 아주 작게 만드는 것이다.

그림 7.3 큰 강아지와 작은 집, 원근법 보기

크기와 색상은 디자인을 만들 때 고려해야 하는 대비의 두 요소다. 글꼴은 또 다른 고려 요소다. 대비의 관점에서 종종 글꼴을 고려하지 않기도 하지만 스타일, 크기, 색상은 통합했을 때 대비의 중요한 요소가 된다.

글자 디자인(또는 글꼴)

글자 디자인이나 글꼴 또한 대비와 관련된 요소다. 최근 글꼴 대부분은 색상, 두께 모양, 크기가 적용되고 글꼴로 많은 것을 표현할 수 있다. 2개의 대비되는 색상, 즉 색상환에서 반대편에 있는 두 색상을 선택하는 것은 정보를 두드러지게 하고 보는 사람의 눈에 띄게 한다(색상환은 5장에서 다뤘다).

여기서 한 가지 색상을 테두리로 사용하고 한 가지 색상을 텍스트 내부에 사용한다. 일반적으로 밝은 색과 어두운 색으로 대비되는 색상을 선택한다.

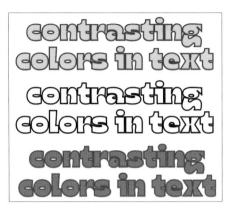

그림 7.4 글꼴의 색상 대비

디자인 내에서 2개 또는 3개의 글꼴을 유지하고 얇은, 보통의, 굵은 서체의 다양한 활자체를 사용한다. 같은 글꼴을 사용하더라도 다른 활자체를 사용하면 대비돼 보일 수 있다.

예를 들어 Agrandir 글꼴은 서로 다른 여러 활자체를 가진다.

Agrandir

Agrandir Black

Agrandir Grand

Agrandir Medium

Agrandir Narrow

Agrandir Thin

Agrandir Tight

Agrandir Wide

그림 7.5 Agrandir 글꼴의 여러 활자체

글꼴은 3개를 넘게 사용하지 않는다. 더 많은 글꼴을 사용하면 디자인이 복잡하고 균형이 맞지 않아 보일 수 있다. 다음으로 이에 대해 살펴본다.

⠿ 균형

균형 잡힌 디자인을 위해 디자인 요소를 양쪽의 무게감이 같도록 배치한다. 이로써 디자인이 보기 좋게 될 것이다. 디자인에 추가된 각각의 그리고 모든 요소는 무게감을 갖고, 디자인에서 차지하는 공간의 크기를 의미한다. 이는 사무실을 꾸미는 것에 비유할 수 있다. 모든 가구를 한 코너에 넣지 않을 것이고, 모든 그림을 한쪽 벽에 걸지 않을 것이다. 대신 공간에 균등하고 편안하게 보이게 배치할 것이다.

균형이 잡히지 않는다면 디자인은 지저분해 보이고 사람들의 시선을 붙잡지 못할 것이다.

대칭 디자인이 가장 많이 사용되고 무게감이 같은 디자인이다. 예를 들어 다음은 요소가 위아래로 간격이 같은 대칭이 되는 룩앤필 디자인이다.

그림 7.6 균형 잡힌 꽃무늬 디자인

반대되는 방법으로 더 큰 무게의 요소를 한쪽 옆면에 두고 더 작은 요소의 묶음을 반대쪽 옆면에 둘 수 있다. 이런 더 작은 요소는 큰 요소 하나와 같은 무게를 갖고 결과적으로 디자인의 균형을 유지한다.

그림 7.7 한쪽 옆면의 큰 요소와 반대쪽의 작은 요소 묶음

처음 디자인의 균형을 맞추려면 대칭으로 보이도록 노력한다. 너무 많이 생각할 필요 없이 여러 요소를 서로 다른 위치로 이동시켜본다. 자신의 디자인이 대칭이 되는지 스스로 생각해보자. 대칭이 아니라면 요소의 위치를 다른 곳으로 이동시켜보자.

다음은 디자인에 계층을 추가하는 방법을 살펴본다.

계층

시각적인 계층은 모든 디자인, 특히 마케팅과 광고 그래픽에서 많이 보지만 그 디자인에 계층이 적용돼 있다고 깨닫지 못했을 수 있다. 계층은 사람들이 가장 먼저 보기 바라는 디자인의 일부를 강조하고자 사용하곤 한다. 따라서 사람들이 디자인을 보는 위치와 방법을 제어할 수 있다. 디자인의 다른 부분들을 넘어 한 부분에 주의를 기울이게 한다.

다음의 포스터를 예로 들 수 있다. 처음 볼 때 크고 두껍게 디자인을 가로지르는 제목이 눈에 띈다. 이처럼 크기를 사용하는 것이 디자인에 계층을 추가하는 가장 단순한 방법이다. 디자인의 한 부분을 다른 부분보다 크게 만드는 것이다. 가게의 개점 소식을 알리며 보는 사람의 시선을 가장 먼저 붙잡았다. 그 후 크기의 순서에 따라 시선이 포스터의 아래로 내려가고 마지막으로 가게의 개점 시간에 닿을 것이다.

그림 7.8 계층을 사용한 옷 가게 포스터 예제

디자인의 일부를 눈에 띄게 만들고자 밝은 색 또는 과감한 색을 사용할 수도 있다. 다음 예제는 하얀 색상의 텍스트를 중심점으로 만들고자 배경 색상을 사용했다.

그림 7.9 색상을 사용한 로맨틱 작가 그래픽

추가로 하얀색 공간 또는 빈 공간을 사용해 디자인 내의 계층을 만들 수 있다. 이는 요소 주위의 빈 공간, 즉 텍스트 상자와 테두리 간의 틈을 말한다. 이런 공간을 사용하는 것을 두려워하지 않는다. 텍스트 공간이 숨쉴 수 있게 하고 주변에 테두리를 형성해 텍스트나 중심점으로 눈길을 끈다. 다음 예제 디자인의 주변 공간을 살펴보자. 더 쉽게 이해할 수 있도록 디자인을 깔끔하고 선명하게 유지하는 방법을 알 수 있다.

그림 7.10 크림 그래픽의 빈 공간 예제

이제 디자인에서 대비, 계층, 균형의 사용에 대해 좀 더 이해했다. 다음으로 정렬과 구조를 만드는 방법을 알아보자.

정렬

정렬은 디자인의 구조를 유지하고 산만하지 않게 한다. 모든 것을 깔끔하고 선명하며 이해하기 쉽게 유지하고 보는 사람이 여유를 갖고 디자이너가 무엇을 말하려고 하는지 알 수 있게 한다.

정렬을 위해 요소 간의 간격을 조정하거나 색상 블록을 추가할 수 있다. 또는 줄 요소를 추가할 수 있다. 이는 2장에서 살펴봤다.

이제 정렬을 위해 텍스트 아래에 색상 블록을 추가한다.

그림 7.11 색상 블록을 사용한 단순한 그래픽

줄을 추가하면 더욱 정돈된 느낌을 주기 때문에 줄을 사용해 정보를 분리한다. 작고 미묘한 줄을 사용한다. 디자인에 필요하지 않다면 크고 두꺼운 줄이 아니어도 된다.

예를 들어 살펴보자. 작은 줄이 큰 차이를 만들 수 있다. 여기서는 줄 2개가 사용됐다. 하나는 텍스트와 이미지를 구분하고 하나는 2개의 텍스트 상자를 구분한다.

그림 7.12 정렬을 위해 줄을 사용한 노란색 그래픽

여기에 추가로 앞의 화면처럼 모든 텍스트를 한쪽의 아래로 추가하고 이미지나 요소를 다른 쪽에 추가해 디자인을 나눈다. 그리고 정보를 정렬하고 균형을 맞춘다. 그래픽을 볼 때도 책을 읽을 때와 마찬가지로 왼쪽에서 오른쪽으로 읽는다. 그러므로 디자인에 정보를 추가할 때도 실험해본다. 양쪽 옆에 추가해보고 어떤지 확인한다. 텍스트가 왼쪽에 위치할 때 더 보기 좋다는 사실을 알수 있을 것이다.

캔바는 아주 훌륭한 정렬 기능을 지원하고 **위치** 탭 하위에서 찾을 수 있다. 또한 4장에서 살펴봤다.

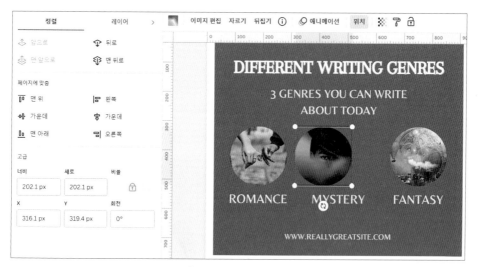

그림 7.13 위치 탭의 정렬 기능

정렬 기능으로 디자인을 정돈돼 보이고 어수선하지 않게 유지할 수 있다. 다음으로 정돈된 디자인을 위한 또 다른 기능인 반복을 살펴본다.

반복

디자인에서 반복을 사용하는 것은 지루하게 반복되는 생성 작업을 해야 한다는 의미가 아니다. 일관성을 유지하는 작업을 하는 것이다. 이로써 디자인의 모든 것이 비슷하고 잘 어울리면 디자인을 탐색하고 이해하기 더욱 쉬울 것이다. 같은 느낌이 나는 요소를 사용하는 것을 예로 들 수 있다. 부드러운 파스텔 톤의 꽃무늬 요소를 사용한 후 네온 코믹 요소를 같은 디자인에 사용하지 않는다. 프로젝트나 비즈니스의 묶음을 생성한다면 포함되는 모든 것, 즉 요소, 글꼴, 색상 팔레트, 이미지 등을 전반적으로 같은 스타일로 유지한다.

다음의 템플릿 묶음 예제는 반복을 사용한 것이다. 모든 템플릿에서 같은 색상 팔레트, 글꼴, 이미지를 사용해 일관돼 보이면서 각 템플릿을 독립적으로 사용할 수 있다.

그림 7.14 모두 같은 브랜드를 사용한 팟캐스트 템플릿 묶음

반복은 여백에서도 사용된다. 이는 요소 간의 공간을 의미한다. 요소 간 공간을 일관되게 유지하면 디자인이 정돈돼 보이고 균일하지 않은 공간에 시선이 쏠리는 것을 막는다. 예를 들어 다음의 디자인은 괜찮긴 하지만 요소 간 공간을 같게 하는 것이 더 좋을 수 있다.

그림 7.15 간격이 균일하지 않은 회색 디자인

이 그림의 고르지 않은 부분을 알겠는가? 여러분의 시선이 요소에서부터 모서리로 가는가? 약간의 수정으로 요소들을 정렬시키면 훨씬 더 보기 좋은 디자인이 될 것이다.

그림 7.16 균일한 간격의 회색 그래픽

디자인 원칙은 디자인 작업을 할 때 중요하다. 심지어 소셜 미디어용 그래픽을 만들 때도 디자인 원칙에 대한 기본적인 이해를 갖는 것이 더 나은 그래픽을 만드는 데 도움이 될 것이다.

이제 무엇을 다뤘는지 살펴보며 7장을 마무리해보자.

⁙ 요약

7장에서는 5가지의 디자인 원칙을 살펴봤다. 대비를 살펴봤고 색상, 크기, 글자 디자인이 서로 보완되도록 디자인에 적용하는 방법을 이해했다. 게다가 균형과 요소를 주변으로 이동시켜 보기 좋게 만들고 디자인의 한쪽으로 무게감이 기울어지지 않게 할 수 있다. 또한 계층의 중요성에 대해 알아봤고 디자인의 원하는 부분으로 사용자의 시선을 이끄는 방법도 이해했다. 정렬 또한 중요한 부분으로, 이제 캔바에서 정렬할 수 있고, 이 기능으로 디자인을 정돈하고 구성하는 방법을 안다. 마지막으로 템플릿의 묶음에 반복을 사용할 수 있고 같거나 비슷한 요소를 디자인에 사용해 일관성을 유지하는 방법도 살펴봤다.

8장에서는 로고를 만드는 방법과 템플릿 사용을 알아보고 비즈니스 로고에 관해 알아야 할 기본적인 지침을 알아본다.

3부

직접 만들기

3부에서는 디자인의 생성, 즉 그래픽 설계에 대해 알아보고 비즈니스를 위한 일상적인 도구로 사용할 수 있도록 캔바에 익숙해지게 한다. 여기서는 자신의 로고를 만들고 아이콘과 도형을 사용하는 방법과 캔바를 사용한 상표권에 관한 지침을 살펴보는데, 배워야 할 중요한 내용이다. 또한 비즈니스에 필요한 특별한 디자인 만들기에 대해 더 알아보고 움직이는 디자인을 만드는 방법과 동영상을 사용하고 편집하는 방법도 알아본다. 소셜 미디어 플랫폼에서 동영상을 많이 사용하므로 소셜 플랫폼에서의 가시성을 배울 수 있는 좋은 기회다. 비즈니스의 또 다른 중요한 요소는 가능한 한 많은 방법으로 그래픽을 공유하고 보는 사람들과 연결되는 것이다. 그러므로 공유 방법과 클릭할 수 있는 링크 생성 방법, 디자인 다운로드 방법, 멋진 플랫폼의 모든 파트를 다루는 방법을 알아본다.

3부에서는 다음과 같은 장으로 구성된다.

- 8장. 완벽한 로고 디자인

08

완벽한 로고 디자인

많은 비즈니스에서 로고는 브랜드 정의에 도움이 되기 때문에 로고를 생성하는 작업이 중요하다. 로고는 우리가 하는 모든 작업에 추가할 수 있고 커뮤니티나 고객이 우리의 비즈니스를 인식할 수 있게 한다.

캔바에서 로고를 만들 수 있고 사용할 수 있는 템플릿이 많다. 하지만 여러 플랫폼과 마찬가지로 캔바의 템플릿을 사용할 때 콘텐츠와 모범 사례를 활용할 수 있는 작업을 결정하는 약관이 있다.

8장에서 다루는 내용은 다음과 같다.

- 캔바에서 로고 생성 및 템플릿 사용

- 로고에 관한 브랜드 가이드라인

- 아이콘, 텍스트, 기본적인 도형을 사용하는 로고

- 다양한 버전의 로고

8장을 마칠 때는 캔바에서 만든 로고를 사용하는 방법과 템플릿의 위치, 브랜드에 맞게 템플릿을 편집하는 방법, 아이콘과 도형을 추가하는 방법, 다양한 용도로 사용하고자 로고의 여러 버전을 만드는 방법을 알 수 있다.

캔바에서 로고 생성 및 템플릿 사용

캔바에는 로고와 템플릿을 위해 소속 디자이너와 프리랜서 디자이너가 만든 놀라운 템플릿이 많으므로 좋은 로고 템플릿을 얻을 수 있다.

템플릿은 디자인 만들기 탭에서 로고를 검색해 찾는다. 그러면 500px × 500px의 빈 디자인을 볼 수 있다.

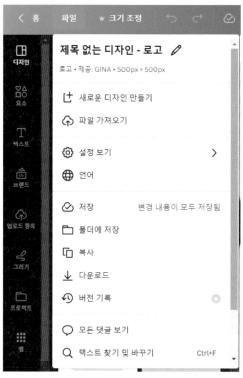

그림 8.1 디자인의 크기를 보여 주는 드롭다운

TIP

디자인을 마쳤을 때 더욱 선명하게 보이도록 크기를 5,000px x 5,000px로 변경한다. 500px x 500px도 괜찮지만 출력 배너처럼 큰 항목에서 사용할 때 약간 흐릿하게 보일 수 있다.

로고 템플릿에서 아래로 스크롤하며 살펴본다. 수천 개가 있으므로 비즈니스와 브랜드에 맞는 것을 찾기 까다로울 수 있다. 상단의 검색 상자에서 키워드를 입력하면 적당한 로고를 볼 수 있고 또는 검색 상자 아래의 추천 탭을 사용할 수도 있다. 이런 방법으로 검색 결과를 좁힌다.

예를 들어 작은 베이커리를 운영하고 있고 새로운 로고가 필요하다고 가정해보자. 키워드로 베이커리를 입력한다. 그러면 결과를 볼 수 있고 상단에 보이는 로고가 가장 많이 사용되는 로고라는 점을 기억한다. 그러므로 다른 베이커리의 로고와 비슷하지 않기를 바란다면 아래쪽으로 스크롤해 살펴본다.

그림 8.2 베이커리와 관련된 로고 템플릿

로고는 여러분과 여러분의 비즈니스를 대표해야 하고, 단순하고 쉬워 보여야 한다. 많은 작은 요소와 텍스트로 구성된 복잡한 로고는 작아졌을 때 이해하기 어렵고 단순하고 깔끔한 디자인 로고에 비해 무시될 가능성이 높다.

따라서 가능한 한 빨리 모양을 인식하고 이해할 수 있는 것이 좋다. 그렇지 않다면 지나치기 쉽다. 소셜 미디어가 훌륭한 예다. 아주 복잡한 곳이고 거기서 사람들의 시선을 잡아야 한다.

유명 브랜드의 로고 몇 개를 살펴보자. 보통 간단한 아이콘으로, 인식하기 쉽다.

원하는 형태의 그리고 비즈니스에 맞는 템플릿을 찾았다면 이제 편집을 시작한다.

템플릿은 전 세계의 100만 명이 넘는 사람들이 사용할 수 있고 로고는 가능한 한 특별하길 바라므로 템플릿을 편집한다. 몇 가지 방법으로 템플릿을 편집해 목표를 이룰 수 있을 것이다.

로고 템플릿을 편집하는 주요 방법은 다음과 같은 것을 변경하는 것이다.

- 색상
- 글꼴
- 텍스트
- 아이콘

템플릿을 사용해 다양하게 수정하는 것을 살펴보자.

그림 8.3 핑크 케이크 가게 로고

가장 먼저 스타일과 상단의 아치형 텍스트가 마음에 드는 템플릿을 선택했지만 이번 예제는 원예업을 하고 있다고 가정하자. 따라서 베이킹 테마를 적용하지 않는다.

몇 가지의 수정이 필요하겠지만 먼저 텍스트를 수정한다. 첫 번째로 비즈니스 명칭을 보여줘야 하므로 이를 위해 텍스트 상자를 클릭하고 비즈니스 명칭을 입력한다. 이 템플릿의 경우 텍스트 상자에 이미 곡선이 적용돼 있지만 더 넣고 싶다면 2장을 살펴보면 어떻게 만들 수 있는지 알 수 있다.

그림 8.4 핑크 케이크 가게 로고 편집

적당한 위치에 정보를 입력했다면 글꼴 스타일을 변경한다. 여기서는 Dream Avenue였던 글꼴을 Noto Serif Display Light로 변경하지만 실제로는 브랜드 글꼴을 사용하는 것이 좋다.

다음으로 아이콘을 변경한다. 컵케이크는 원예업에 전혀 어울리지 않기 때문이다. 원하지 않는 아이콘을 삭제하고 대신 **요소** 영역에서 새로운 아이콘으로 대체한다.

브랜드에 맞는 요소가 필요한데, 나뭇잎이 보기 좋고 단순한 패턴이다. 무슨 비즈니스인지 알기 쉽고 작아졌을 때도 인식할 수 있으므로 이 로고에 적당할 것 같다.

요소 영역에서 나뭇잎을 키워드로 입력하면 많은 결과를 볼 수 있다. 여기서는 무료로 사용할 수 있는 수채화 느낌의 나뭇잎을 선택했다.

그림 8.5 핑크 배경의 초록색 원예 로고

또한 2개의 작은 아이콘도 나뭇잎으로 바꾸고 로고를 완성했다. 마지막 작업은 배경 색상을 흰색으로 바꿔 브랜드에 맞게 깔끔하고 선명하게 보이게 하는 것이다.

그림 8.6 완성된 원예 로고

새로운 비즈니스 로고를 완성했다. 원래의 로고와 상당히 달라 보인다.

이제 자신의 로고를 편집해본다. 템플릿을 검색해 하나를 선택하고 색상, 텍스트, 글꼴, 아이콘을 변경한 후 완성된 로고를 살펴본다.

로고가 어떻게 보이면 좋을지 생각한 게 있다면 5,000px × 5,000px의 맞춤형 크기로 템플릿을 생성하고 요소, 선, 글꼴을 사용해 처음부터 로고를 만들어본다.

비즈니스를 이제 막 시작했거나 기존 로고를 새롭게 바꾸고 싶다면 캔바의 템플릿으로 로고를 만드는 것이 좋다. 하지만 캔바의 콘텐츠를 사용할 때 몇 가지 가이드라인이 있고 로고의 경우는 좀 더 많다. 이에 대해 좀 더 알아보자.

로고에 관한 브랜드 가이드라인

비즈니스를 위한 로고를 생성할 때 캔바의 로고를 사용하려면 알아야 할 몇 가지 가이드라인이 있다

로고를 생성하고자 템플릿을 사용할 수 있고 요소, 글꼴, 도형, 선을 사용해 백

지부터 시작할 수 있다. 여기에는 문제가 없다. 캔바에서 로고를 실제로 생성하더라도 큰 제약이 없다.

로고를 생성하고 특별한 요소와 관계된 라이선스를 보고 싶다면 요소 옆의 세 점 모양의 아이콘을 클릭하고 i 기호를 클릭한다.

그림 8.7 요소의 정보

그러면 라이선스 이용 약관을 보여주는 페이지가 화면에 뜰 것이다.

그림 8.8 요소의 무료 사용에 대한 라이선스 개요

제한 사항이 적용되는 경우는 로고의 상표권을 원할 경우다. 로고의 상표권을 원하는 것이 일반적이고, 많은 비즈니스에서 그들의 로고가 다른 사람들과 확실하게 다르고 다른 비즈니스가 베끼지 못하길 바란다. 이것이 로고를 상표화하는 이유다. 문제는 로고를 위한 캔바의 모든 템플릿을 전 세계의 100만 명 이상의 사용자가 사용할 수 있고 모든 요소, 이미지, 콘텐츠도 마찬가지라는 점이다. 즉, 캔바에서 유일한 로고를 만들 수 없다. 같은 템플릿이나 요소를 사용하는 다른 수많은 사람이 있을 가능성이 있다. 게다가 캔바의 콘텐츠는 디자이너나 캔바에서 제작한 것으로, 여러분의 소유가 아니다. 이런 이유로 로고를 상표화하는 것이 불가능하다.

다른 사람의 로고와 비슷하게 보이는 로고로 만족하거나 템플릿을 여러분의 브랜드에 맞게 수정했고 상표권에 대해 걱정하지 않는다면 문제가 없다. 나도 캔바에서 로고를 만들었고 만족한다. 하지만 미래에 상표권을 원한다면 유일한 로고가 되도록 다시 작업이 필요할 수 있다는 것을 알고 있다.

캔바의 가이드라인을 읽고 싶다면 캔바 웹사이트(https://www.canva.com/policies/license-agreements/)에서 찾아볼 수 있다.

다른 로고들과 구별되는 로고를 원한다면 기본적인 선, 도형, 무료 글꼴을 사용해 로고를 만드는 것이 가장 좋은 방법이다. 요소나 이미지를 사용하면 다른 사람들이 쉽게 알아볼 수 있으므로 다음으로 로고에서 사용하는 기본적인 선, 도형, 무료 글꼴을 살펴본다.

⁑ 아이콘, 텍스트, 기본적인 도형을 사용하는 로고

유일한 로고를 사용하고 싶다면 캔바의 무료 글꼴과 선을 사용한 단순한 로고를 살펴본다. 이는 조금 지루한 이야기일 수 있지만 아주 효과석으로 보일 수 있고, 앞서 언급했던 것처럼 로고를 단순하게 유지하는 것은 작게 사용할 때 더욱 알아보기 좋다.

다음은 선, 단순 도형, 무료 글꼴을 사용한 로고의 모음이다.

그림 8.9 무료 글꼴과 도형을 사용한 단순한 로고 모음

각 로고는 무료 글꼴과 기본적인 도형을 사용해 로고의 형태를 만들었고 캔바에서 만들 수 있는 단순하고 전문적인 느낌의 로고가 됐다.

자신의 로고를 만들 때 먼저 로고의 스타일을 결정해야 한다. 원형 또는 사각형, 직사각형 스타일의 로고인가? 문자로만 구성되는 로고인가?

원형 로고는 소셜 미디어의 프로필 이미지, 이메일의 서명, 소셜 미디어 그래픽에 잘 어울리는 편이지만 비즈니스에 어울리지 않는다면 원형을 고집할 필요는 없다. 대신 원형의 보조 로고를 만든다. 이는 8장의 뒷부분에서 살펴본다.

작업을 시작하고자 빈 디자인을 생성한다. 앞에서 이야기했던 것처럼 선명한 로고를 만들고자 맞춤형 크기로 5,000px × 5,000px의 디자인으로 생성한다.

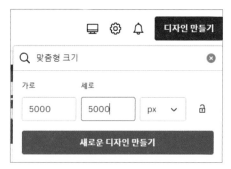

그림 8.10 로고 템플릿 작업을 위해 맞춤형 크기로 생성

빈 디자인이 생겼다면 로고의 스타일을 결정하고(이 예제에서는 직사각형 스타일이다) 비즈니스 명칭을 입력할 텍스트 상자를 추가한 후 요소 영역의 도형을 사용해 텍스트

상자 주변에 사각형을 추가한다.

그림 8.11 로고 템플릿에 도형 추가

하얀색의 모서리 부분을 끌어 사각형의 크기를 조정한다. 박스의 두께도 변경한다. 원하는 두께가 되면 텍스트 상자 위에 놓고 옆선이 맞게 끌어 놓는다.

Business Design Academy

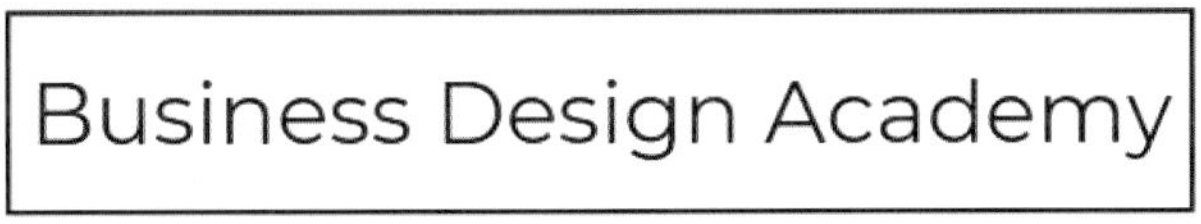

그림 8.12 기본적인 직사각형 모양의 로고 작업 시작

이 예제의 경우 비즈니스 이름이 상당히 길어서 Academy 부분을 아래로 이동시키고 글꼴도 변경해 브랜드와 어울리게 만든다. 단순한 무료 글꼴을 사용한다는 점을 기억하고 일반적으로 많이 사용하는 무료 글꼴인 Montserrat로 변경했다.

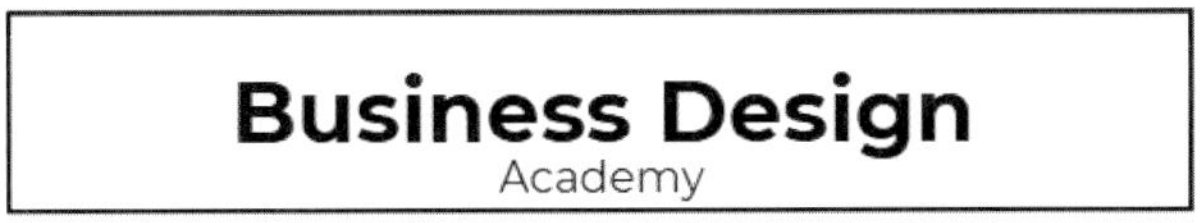

Business Design
Academy

그림 8.13 새로운 직사각형 모양의 로고 설계

로고가 하나로 통합됐지만 아직 뭔가 부족한 듯하고 미완성으로 보인다. 이 상황에서 **도형** 옵션을 사용해 흰색의 사각형을 추가해서 아래쪽의 선 위에 둔다. Academy 글자를 그 흰색의 사각형 위에 위치시킨다. 이로써 좀 더 독특하고 달라 보인다. 또한 대표 텍스트를 대문자로 변경해 더욱 눈에 띄게 만들었다.

BUSINESS DESIGN
— Academy —

그림 8.14 완성된 로고

이제 비즈니스를 위해 사용할 수 있는 보기 좋고 단순하며 전문적으로 보이는 로고를 직접 만들었다. 다른 비즈니스와 관련해 인식할 수 있는 요소나 이미지는 전혀 사용하지 않았다. 즉, 이 로고는 유일한 것이다.

하지만 이 로고는 모든 형식으로 사용하기에 적당하지 않을 수 있다. 하얀 배경에는 좋겠지만 어두운 배경이나 패턴이 있는 배경이라면 어떨까? 또는 로고가 너무 길면 어떻게 할까? 이 문제를 어떻게 해결할 수 있을까?

이럴 때 보조 로고가 필요하다. 지금까지 살펴본 어떤 로고도 상표권으로 사용할 수 없다. 따라서 상표권을 추가할 수 없는 로고와 서브마크에 추가할 수 있는 요소의 예제를 살펴보자.

상표권을 추가할 수 없는 콘텐츠

로고에 사용할 수 있지만 상표권을 등록할 수 없는 콘텐츠의 유형에 대해 알려주고자 요소 영역에서 floral icon를 입력한다. 다른 사람들이 제작한 손으로 그린 아이콘이나 수채화, 디지털 아이콘을 많이 볼 수 있다.

그림 8.15 로고로 사용할 수 있지만 상표권은 등록할 수 없는 아이콘 모음

이 아이콘 중 어떤 아이콘이든 비즈니스 로고 아이콘으로 잘 어울리겠지만 다른 디자이너가 만들고 소유한 것이다. 요소 위에 마우스를 가져다대고 세 점 모양을 클릭하면 누가 만들었는지 볼 수 있고, 이름을 클릭하면 캔바에서 사용할 수 있는 그들의 요소를 볼 수 있다.

그림 8.16 요소의 제작자를 찾을 수 있는 드롭다운

이 요소는 프로 사용자에 한해 무료로 사용할 수 있는 요소로 표시돼 있고 무료 계정의 사용자가 이 요소를 사용하려면 라이선스를 구매해야 한다. 보통은 천 몇 백 원 정도다. 이는 무료(라이선스 구매)와 프로 계정으로 생성한 디자인 내의 요소를 사용할 수 있지만 요소와 그 요소를 사용한 디자인의 상표권은 가질 수 없다는 의미다.

앞에서 보조 로고라는 다른 유형의 로고를 간략하게 언급했다. 다음으로 보조 로고를 살펴보자.

⁞⁞ 다양한 버전의 로고

다양한 용도의 서로 다른 스타일의 로고를 만드는 것은 온라인과 오프라인의 모든 플랫폼에서 사용할 로고 버전이 존재한다는 의미다.

보조 로고를 위한 기초로 필요할 수 있으므로 로고의 원본을 유지하기 바란다. 이들은 같은 브랜드에 포함되고 서로 연관이 있기 때문에 비슷하게 보이고 비슷한 느낌을 갖는다.

어두운 배경에서 사용하기 좋은 로고를 만들어보자. 현재는 하얀색 또는 밝은 배경에 맞는 로고만 있다.

먼저 주변 색상을 변경한다. 여기서 배경을 검은색으로 바꾸고 텍스트와 사각형은 흰색으로 수정한다.

그림 8.17 완성된 로고의 어두운 버전

첫 번째 보조 로고가 생겼다.

다음으로 로고를 더욱 단순화해 아이콘이나 버튼으로 사용할 보조 로고를 만든다. 비즈니스 이름의 첫 번째 문자만 사용한다. 이로써 작고 단수한 로고가 됐다.

그림 8.18 비즈니스 이니셜을 사용한 보조 로고

밝은 배경과 어두운 배경 모두에 잘 어울리게 다양한 버전을 만드는 것을 잊지 말자. 때로는 배경을 지우고 싶을 수 있고 때로는 더욱 눈에 띄게 원을 추가하고 싶을 수 있다. 여러 유형으로 시도해보고 나중에 필요한 때를 위해 모든 유형을 하나의 파일로 저장한다.

그림 8.19 밝은 버전과 어두운 버전의 보조 로고

직사각형 로고와 정사각형 로고를 만들었으니 이번에는 원형의 로고를 추가하는 것도 좋을 것이다. 원형의 로고는 원 아이콘과 버튼, 소셜 미디어의 프로필과 잘 어울릴 것이고 소셜 그래픽의 모서리에 둬도 보기 좋을 것이다.

그림 8.20 밝은 버전과 어두운 버전의 원형 보조 로고

이를 위해 캔바의 **도형** 영역에서 원을 추가한다. 도형 영역의 모든 도형은 무료로 사용할 수 있고 캔바가 만들어 추가한 것이므로 로고에 사용해도 안전하다. 색상을 변경해 밝은 버전과 어두운 버전의 보조 로고를 만든다.

이제 로고의 모음을 완성했다.

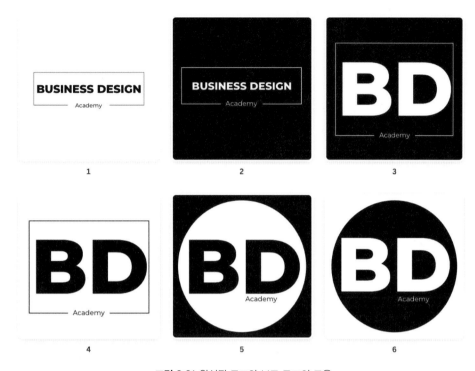

그림 8.21 완성된 로고와 보조 로고의 모음

이제 곧 자신의 캔바 계정에서 직접 설계한 훌륭한 보조 로고 모음을 발견할 수 있을 것이다. 다양한 상황에서 유용하게 사용할 수 있으므로 안전하게 저장한다.

이 디자인이나 색상 팔레트를 고집할 필요는 없다. 로고는 비즈니스의 성장, 스타일의 변화, 비즈니스의 진화에 따라 발전할 것이고 발전해야 한다. 따라서 로고가 현재 여러분의 일을 표현하는 데 적합하게 정기적인 검토가 필요하다.

나는 수년간 로고를 상당히 과감하게 바꿔 비즈니스와 브랜드에 잘 어울리게 관리했다.

8장은 여기까지다. 유용한 정보를 찾았기를 바라고 캔바에서 로고를 만드는 데 도움이 됐기를 바란다.

⠿ 요약

8장에서는 캔바의 로고 템플릿을 찾는 방법과 색상, 텍스트, 글꼴, 도형을 사용해 로고 템플릿을 수정하는 방법을 살펴봤다. 또한 새로운 로고를 처음부터 작업하고자 맞춤형 크기 템플릿을 생성하는 방법도 살펴봤다. 캔바의 라이선스에 대해 더 알아봤고 캔바에서 생성한 로고로 상표권을 가질 수 없는 이유도 알아봤다. 마지막으로 보조 로고가 필요한 이유와 비즈니스를 위한 보조 로고의 모음을 만드는 방법도 살펴봤다. 8장에서 로고의 생성에 대한 모든 것을 알아봤으므로 좀 더 재미있는 주제로 넘어가 캔바에서 비즈니스의 소셜 미디어 프로필을 위해 필요한 다양한 그래픽을 만드는 방법을 살펴보자.

09

캔바로 만드는 소셜 미디어 그래픽 디자인

9장에서는 소셜 미디어 그래픽을 만들어볼 예정으로 재미있는 부분이다. 모두 소셜 미디어나 명함 같이 실제로 인쇄되는 상품, 광고를 위한 유용한 디자인을 만들기 위한 캔바의 많은 기능을 사용해본다. 따라서 9장을 잘 읽고 컴퓨터에서 캔바를 실행시켜보자.

9장에서 다루는 내용은 다음과 같다.

- 프로필 프레임 디자인

- 페이스북 배너

- 움직이는 인스타그램 스토리

- 명함

- 잡지나 팜플렛 광고

9장을 마치면 소셜 미디어 그래픽을 위해 필요한 모든 기능을 사용할 수 있고 비즈니스 용도로 사용할 수 있는 일련의 디자인을 얻을 수 있다.

⠶ 프로필 프레임 디자인

프로필 프레임은 소셜 미디어 계정에 추가할 수 있는 그래픽이다. 비즈니스나 프로필 페이지를 찾을 때 가장 먼저 보게 되는 것이므로 비즈니스의 주인이나 비즈니스를 소개할 수 있는 것이 좋다.

캔바에서 페이스북 프로필 사진의 템플릿을 사용할 수 있고 프로필 이미지를 추가할 수 있는 다른 플랫폼에서 사용하기도 적당하다. 크기는 1500 × 1500 픽셀이다.

이 크기를 찾으려면 캔바 계정 상단의 디자인 만들기 탭을 클릭하고 드롭다운에서 찾거나 프로필 프레임을 입력해 검색한다. 찾았다면 왼쪽 편에 프레임에 맞는 템플릿이 나타나는 것을 볼 수 있다. 특정 스타일을 선택했기 때문에 캔바는 그 스타일에 맞는 템플릿을 가져올 것이다.

그림 9.1 프로필 이미지 프레임 템플릿

프로필 프레임은 배경 이미지를 갖게 디자인돼 있다. 소셜 미디어의 경우 자연스러워 보이는 사진이 가장 적당하다. 사람들은 다른 사람에게 구매하는 것이기 때문에 누구의 비즈니스인지 보고 싶어 하고, 따라서 프로필에 로고를 사용할 필요가 없다. 일단 자신의 좋은 이미지가 있다면 이제 프레임을 만들 준비가 됐다.

프로필 프레임은 원형 디자인이 좋다. 따라서 색상이 있는 원을 사용해 만들기 시작한다. 요소 탭에서 원을 검색하면 다양한 스타일의 모음이 나타난다. 여기서는 설명을 위해 다음과 같은 기본적인 원을 선택한다.

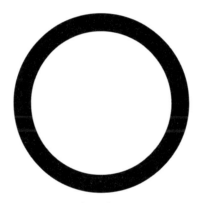

그림 9.2 원 요소

가장 먼저 해야 할 일은 원의 색상을 브랜드에 맞게 수정하는 것이다. 다음으로 텍스트 상자를 추가하고 비즈니스 명칭을 채운다.

그림 9.3 원 요소와 텍스트 상자

이제 곡선 텍스트 기능을 사용한다. 이는 훌륭한 기능이고 프로필 프레임에 이상적이다. 텍스트 상자를 선택하고 상단의 **효과** 탭을 클릭한다. 텍스트 스타일의 아래에 보이는 곡선을 선택한다. 이제 텍스트가 휘어질 것이고 휘어진 텍스트를 색상이 있는 원의 윗부분에 겹치도록 위치시키고 원에 맞춰 늘린다. 곡선 슬라이드 바를 사용해 휘어지는 정도를 조정할 수 있다.

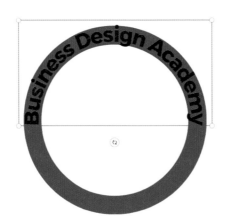

그림 9.4 원 요소와 곡선 텍스트 기능

원이 어두운 색상이라면 텍스트가 눈에 띌 수 있게 텍스트의 색상을 흰색으로 바꾼다. 그 후 **요소** 영역에서 프레임을 검색해 원형 프레임을 추가한다. 사진을 프레임 안에 끌어다 놓을 것이다.

그림 9.5 프레임 디자인에 이미지 추가

이제 틀이 잡히는 것을 볼 수 있다. 사진 모서리를 드래그해 색상이 있는 원을 덮도록 사진의 크기를 늘린 후 위치 탭을 사용해 색상 원형 뒤로 이동시킨다. 그러면 프레임에 맞을 것이다.

요소나 로고를 프레임에 추가할 수 있지만 많은 프로필의 공간이 원형이고 템플릿의 모서리가 잘린다는 사실을 인식하고 네 모서리에는 추가하지 않는다.

이제 완성된 디자인을 사용할 수 있게 다운로드한다.

그림 9.6 완성된 프로필 프레임

여기서는 앞의 예제에 색상이 있는 요소를 추가하고 브랜드의 색상을 사용했다. 프로필 프레임과 함께 배너 이미지가 필요할 것이다. 프로필 프레임에 어울리게 만들었고 전문적인 느낌을 보여줄 수 있다. 다음으로 배너를 만들어본다.

페이스북 배너

페이스북 배너는 비즈니스를 홍보하는 훌륭한 방법이다. 그룹이나 페이지, 개인적인 프로필의 상단 영역이고 이미지를 사용해 자유롭게 채울 수 있다. 하지만 종종 배너의 크기 문제가 있다. 그에 대한 많은 요청이 있었고 크기를 바르게 조정하는 방법에 대한 문의도 있었다.

캔바에서 제공하는 페이스북 배너를 위한 크기를 사용하면 약간 번져 보인다. 캔바와 페이스북에 맞는 크기의 템플릿을 사용했더라도 페이스북에서 모든 이미지를 압축하기 때문이다.

이를 어떻게 해결할 수 있을까?

페이지와 그룹 배너를 위한 맞춤형 크기의 템플릿을 만들어야 한다. 잠시 후에 살펴보겠지만 먼저 약간 차이가 있는 프로필 배너에 대해 언급하고 싶다.

그림 9.7 원 프로필 이미지가 왼쪽에 포함된 현재 모바일 프로필 프레임

페이스북의 개인 프로필 배너를 만들 때 한 가지 알아야 할 점은 종종 원형 프로필 이미지를 왼쪽에서 중앙으로 이동시키기도 하고 다시 되돌리는 경우도 있다. 이로 인해 프로필 이미지가 배너의 정보를 가릴 수 있다. 프로필 이미지 가 데스크톱보다 모바일에서 배너를 더 많이 가리기 때문에 모바일 기기에서 이런 현상이 두드러진다. 2개의 배너를 준비해 하나는 정보를 중앙에 두고 다른 하나는 오른쪽에 두는 방법이 가장 좋다. 그러면 프로필 이미지가 이동하더라 도 배너를 바꿀 수 있다.

그룹 또는 페이지 배너

먼저 페이스북의 정확한 크기를 얻는 것이 좋다. 가장 최근 크기를 검색한다. 현재 시점에서는 다음 크기를 적용한다.

- 컴퓨터의 경우 820 × 312픽셀

- 스마트폰의 경우 640 × 360픽셀

보다시피 데스크톱과 모바일의 크기가 다르고, 따라서 이 점을 고려해야 한다.

크기를 결정했다면 가장 넓은 너비와 가장 높은 높이, 즉 820 × 360픽셀의 3배의 크기로 한다.

그럼 2,460 × 1,080픽셀이 된다. 이 수치를 사용해 맞춤형 크기 템플릿을 만든다. 모바일과 데스크톱의 공간을 채울 때 도움이 되고 3배를 함으로써 업로드 후에 페이스북에서 압축되더라도 선명한 이미지를 만들 수 있다.

다음 그림은 크기에 대한 대략적인 정보다.

모바일 버전은 1920px x 1080 px 데스크톱 버전은 2460px x 936px

　사용 가능한 여유 공간
　　1. 모바일과 데스크톱의 현재 페이스북 배너 크기를 검색한다.
　　2. 현재 배너의 크기는
　　　　• 데스크톱: 820px x 312px
　　　　• 모바일: 640px x 360px
　　3. 페이스북에 업로드 이후 배너의 품질 저하를 막기 위해 크기를 세 배 크게 한다.
　　4. 결정한 크기 수치를 사용하여 캔바에서 맞춤형 크기 템플릿을 생성한다.
　　5. 원본의 세 배의 크기로 치수로 2개의 직사각형을 생성하고 각각의 위에 겹쳐 놓은 다음 그라데이션을 조정하면 둘 다 볼 수 있고 그 후 중간의 안전한 직사각형 영역에 배너 디자인을 만든다.

그림 9.8 페이스북 배너 크기 가이드

디자인 만들기를 클릭하고 이 수치를 입력해 맞춤형 크기의 템플릿을 생성한다.

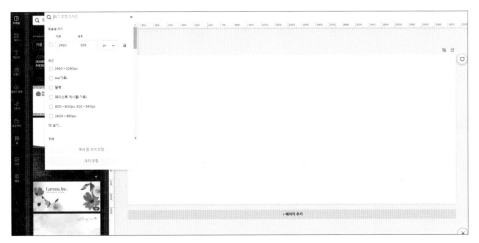

그림 9.9 페이스북 배너를 위한 맞춤형 크기의 템플릿 생성

디자인을 시작하기 전에 중요한 정보를 넣을 수 있는 안전한 공간, 즉 데스크톱 과 모바일에서 모두 볼 수 있는 위치가 어디인지 확인해야 한다.

이를 위해 2개의 사각형을 추가한다. 데스크톱과 모바일을 위한 2개의 수치를 가져와 3배를 구하고 새로운 템플릿에서 사용할 것이다.

- 컴퓨터의 경우 2,460 × 936픽셀

- 스마트폰의 경우 1,920 × 1,080픽셀

도형 영역에서 사각형을 추가하고 모서리를 끌어 첫 번째 수치에 맞게 한다. 모서리를 드래그하면 검은색 상자 안에 수치가 보인다.

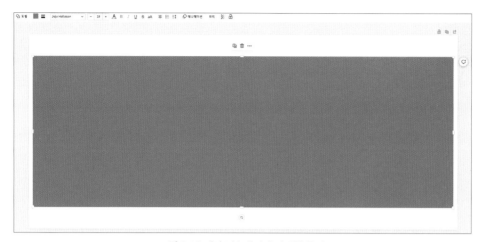

그림 9.10 페이스북 배너에 사각형 추가

또 다른 사각형을 추가하고 두 번째 수치를 사용해 같은 작업을 한다. 두 사각형을 템플릿의 중앙에 겹쳐둔다. 여기서 하나의 **투명도** 설정을 조정하면 아래의 사각형을 볼 수 있다.

그림 9.11 사각형의 투명도 변경

이제 2개의 큰 사각형 사이의 중앙 부분에 나타나는 사각형을 볼 수 있을 것이다. 여기가 배너를 디자인하기에 안전한 범위다. 밝은 색상의 사각형을 추가해 이 범위에 맞춘 후 위치를 고정하고자 잠금을 설정한다. 그러면 배너의 디자인 작업이 끝날 때까지 움직이지 않을 것이다.

그림 9.12 페이스북 배너의 사각형 잠금

이제 처음에 추가했던 2개의 사각형은 더 이상 필요하지 않으므로 삭제한다. 이제 정보, 이미지, 요소의 입력을 시작할 수 있고 중요한 내용은 반드시 밝은 사각형 안에 위치시킨다.

그림 9.13 페이스북 배너 디자인

여기서 2개의 텍스트 상자를 추가한 후 밝은 색 사각형 안에 위치시켰고 이미지도 추가했다.

다음으로 요소나 색상 블록을 위와 아래에 추가했다. 이는 중앙의 상자 밖에 위치시켰다. 바깥쪽 모서리가 모바일이나 데스크톱에서 보일 수 있기 때문이다.

그림 9.14 작업 중인 단순 페이스북 배너 디자인

다른 방법으로 배경에 이미지를 추가하고 템플릿의 전체 영역으로 늘릴 수 있다.

그림 9.15 작업 중인 패턴 배경의 페이스북 배너

완성했다면 이제 밝은 색 사각형의 잠금을 해제하고 삭제한다. 디자인이 어떻게 보이는지 확인하자.

이제 디자인을 마쳤고 단순하고 깔끔한 디자인이 됐다.

그림 9.16 단순한 페이스북 배너 완성

더욱 독창적이고 재미있는 점은 둘 다 모든 기기에서 중요한 정보를 보여준다는 사실이다.

그림 9.17 완성된 패턴 배경의 페이스북 배너 디자인

페이스북 배너를 만들 때 브랜드를 사용하고 모든 이미지가 비즈니스에 잘 어울리는지 확인한다. 자신의 사진을 추가하는 것도 좋고 팔로워가 당신을 본다면 당신과 연관지을 수 있다. 정보는 반드시 중앙에 위치시킨다.

이제 페이스북을 위한 작업을 마쳤다. 이번에는 애니메이션을 사용해 인스타그램에서 사용할 스토리를 만들어보자.

⁝⁝ 움직이는 인스타그램 스토리

인스타그램 스토리는 인기가 좋고 많은 관심을 얻을 수 있다. 비즈니스를 시작하고 홍보하기 위한 아주 좋은 유형의 디자인이다. 또한 요소, 애니메이션 기능, 동영상을 사용해 스토리를 움직이게 할 수 있다. 인스타그램과 페이북의 스토리는 움직임이 있는 디자인일 때 더욱 좋다.

인스타그램 스토리 템플릿을 페이스북에서 사용해도 잘 동작한다.

이제 다양한 종류를 살펴보자.

캔바로 애니메이션 추가

디자인 만들기 옵션을 사용해 인스타그램 스토리 템플릿의 크기를 검색한다. 이제 디자인의 왼쪽에 이 크기에 맞는 많은 템플릿이 있다는 것을 알 것이다. 템플릿을 사용하거나 요소, 텍스트 상자, 이미지를 사용해 처음부터 만들 수 있다.

백지부터 시작한다면 브랜드를 사용하는 것을 잊지 않도록 한다. 색상 팔레트, 글꼴, 브랜드 이미지를 사용해 디자인 전체의 일관성을 유지한다.

다음으로 캔바에서 인스타그램 스토리를 만들어보자.

그림 9.18 완성된 인스타그램 스토리 디자인

1. 요소 영역에서 그리드를 검색하고 4개의 이미지 공간이 있는 그리드를 선택해 템플릿에 추가한다. 템플릿에 맞게 그리드의 크기가 자동으로 조정된다.

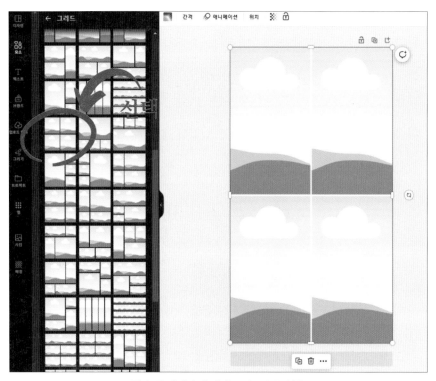

그림 9.19 캔바의 네 개의 그리드 요소 선택

2. 다음으로 우측 상단의 프레임을 선택하고 색상을 흰색으로 바꾼다. 그리고 자신의 이미지를 업로드하거나 캔바의 **사진 라이브러리**의 이미지를 검색한다. 상품 비즈니스라면 소유한 상품의 이미지를 사용한다. 서비스 기반의 비즈니스라면 사진 라이브러리에서 Flatley를 검색한다. 서비스에 적당한 사진이 많을 것이다.

그림 9.20 그리드에 이미지 추가

3. 우측 상단의 하얀 공간에는 텍스트 상자를 추가한다. 이 상자에는 비즈
   니스 이름이나 상품 또는 서비스를 추가하고, 모두 대문자를 사용한다.
   그 아래에 또 다른 텍스트 상자를 추가하고 다른 정보를 입력한다. 그리
   고 웹사이트나 소셜 미디어 주소 같은 연락 방법을 입력할 세 번째 텍스
   트 상자를 추가할 수 있다. 텍스트 크기는 점차 작게 한다.

이제 애니메이션을 추가할 디자인을 완성했다.

그림 9.21 완성된 디자인

애니메이션을 추가하려면 상단 바의 애니메이션 탭을 클릭한다. 지금은 전체 디자인에 애니메이션을 추가할 수 있다. 각 옵션 위에 마우스를 가져가면 템플릿에서 어떻게 동작할지 볼 수 있다. 마음에 드는 옵션을 선택하고 비즈니스 홍보를 위해 소셜 미디어에 사용한다.

좀 더 미묘한 애니메이션을 선호한다면 디자인의 일부분(예를 들어 텍스트 상자)을 선택할 수 있다. 그리고 애니메이션을 클릭해 그 부분을 조정하고 나머지 부분은 그대로 남겨둔다. 그렇지 않으면 움직이는 요소를 추가할 수 있고 이 내용은 지금부터 살펴본다.

움직이는 요소 추가

앞에서 만든 것과 같은 디자인을 사용할 수 있지만 애니메이션 탭 대신 요소 영역으로 가서 움직이는 선을 검색한다(Animated line으로 검색하는 편이 더 좋고, 한글로 검색한다면 검색 상자 우측의 세 줄에 원이 걸린 모양의 아이콘을 선택해 애니메이션 체크상자를 선택해주는 것이 좋다. 그렇지 않으면 움직임을 표현하는 정적인 선 그래픽이 함께 표시된다. - 옮긴이). 이처럼 움직이는 요소는 주변의 텍스트와 잘 어울리고 디자인의 어떤 부분에 눈길이 가게 한다.

다음 그림의 요소를 찾을 때까지 아래로 스크롤하고 디자인에 추가한다. 이 요소는 무료로 사용할 수 있다.

그림 9.22 움직이는 요소 선택

모서리의 원을 사용해 크기를 줄이고 가장 눈에 띄길 바라는 텍스트 상자 주변으로 이동시킨다. 그리고 이를 복제해 뒤집어서 텍스트 상자의 반대편에 위치시킨다.

그림 9.23 움직이는 요소 추가

TIP

이것들은 애니메이션이기 때문에 캔바에서 색상을 수정할 수 없다. 따라서 브랜드나 템플릿의 색상 팔레트와 어울리는 색상의 움직이는 요소를 찾아야 한다.

이제 상단 좌측 모서리에서 템플릿의 재생 시간을 볼 수 있고 상단 바의 오른쪽에 있는 재생 아이콘을 클릭해 다운로드하기 전에 재생시켜볼 수 있다.

그림 9.24 재생 아이콘과 애니메이션 길이 출력

둘 다 스토리 템플릿에 애니메이션을 추가하는 훌륭한 방법이지만 동영상을 추가할 수도 있다. 동영상은 10장에서 더욱 자세히 살펴본다. 그러니 지금은 명함 만들기에 대해 알아보자.

명함

현대 세상의 기술 체계와 모든 것이 온라인으로 옮겨가고 있음에도 명함은 여전히 많이 사용되고 있다. 예를 들어 네트워크 이벤트나 대면 회의에 가더라도 누군가에게 명함을 전달할 수 있고, 이는 여러분과 여러분의 사업을 중요하게 여기게 하는 데 도움이 될 것이다.

복잡하거나 모든 것을 반드시 포함해야 할 필요는 없다. 누구인지 그리고 무슨 일을 하는지 명확하고 쉽게 연락할 방법이 있으면 충분할 것이다.

디자인 만들기 탭에서 **명함 크기** 템플릿을 사용해 작업을 시작한다. 서로 다른 모양의 디자인을 만들 수 있는 옵션이 있지만 드롭다운의 처음에 나오는 표준적인 크기를 고수한다.

이 디자인은 인쇄할 것이기 때문에 인쇄 재단 물림을 반드시 선택해야 언제든 외부의 프린터를 사용해 인쇄할 때 또는 12장에서 살펴볼 캔바에서 인쇄할 때를 대비할 수 있다.

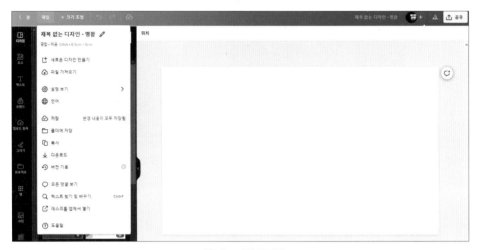

그림9.25 명함 템플릿

명함에 원하는 정보를 추가하는 것부터 시작한다. 다음을 각각의 텍스트 상자에 추가하고 각각의 글꼴과 텍스트의 크기를 차례로 수정한다.

- 이름

- 비즈니스 명칭

- 하는 일에 대한 짧은 설명

- 이메일 연락처

- 웹 주소 또는 소셜 미디어 계정

이 정보들을 왼쪽으로 정렬한다. 추가했다면 이름의 글자 크기를 키우고 상세

한 연락처의 글자 크기를 줄여 이름과 비즈니스 명칭이 명함의 중심점이 되게
한다.

Laura Goodsell
Business Design Acdemy

Canva templates and traingings for small businesses

laura@businessdesignacademy.co.uk
www.businessdesignacademy.co.uk

그림 9.26 명함 상세

이 면은 약간 밋밋해 보인다. 그러므로 모서리에 요소를 추가하고 옆에 도형을
추가하고 색상을 변경해 브랜드 색상을 넣는다. 여기서는 텍스트 상자가 정렬
된 옆면에 줄 요소를 추가했다.

Laura Goodsell
Business Design Acdemy

Canva templates and traingings for small businesses

laura@businessdesignacademy.co.uk
www.businessdesignacademy.co.uk

그림 9.27 명함 디자인

중요한 정보를 추가했다면 디자인에 페이지를 추가하고 명함의 앞면을 만든다. 메인 페이지 아래의 더하기 기호를 선택해 새로운 페이지를 생성한다.

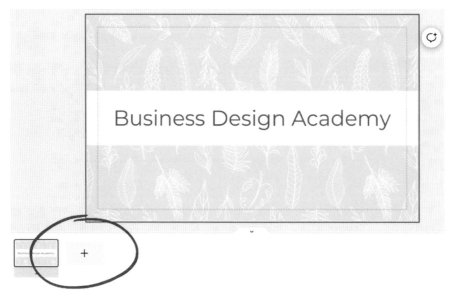

그림 9.28 명함 디자인에 페이지 추가

여기가 앞면이 될 것이므로 비즈니스 명칭을 넣은 텍스트 상자 또는 로고를 사용한다.

단순하지만 효과적인 앞면 디자인이 되도록 뒷면에서 사용했던 것과 같은 색상을 사용하고 요소 영역의 사각형 도형이 디자인을 덮도록 늘려서 사용한다. 이 부분은 흰색으로 남기고 텍스트 상자를 사용해 이 도형에 비즈니스 명칭을 입력한다.

마무리를 위해 요소 영역의 패턴을 검색한다. 예를 들어 나뭇잎 패턴을 검색해 디자인에 추가하고, 이를 늘려서 전체 페이지를 덮게 한 후 흰색으로 바꾼다. 마지막으로 위치 탭을 사용해 패턴을 텍스트의 뒤로 보낸다.

그림 9.30 완성된 명함의 앞면과 뒷면

명함의 인쇄 준비를 할 때 다운로드 옵션의 PDF 인쇄를 선택한다. 그러면 다음과 같은 몇 개의 옵션이 주어질 것이다.

- **재단선 및 재단 물림:** 종이의 잘리는 위치를 보여준다.

- **PDF 병합:** 모든 개별 요소를 하나로 병합한다.

- 색상 프로필의 드롭다운에서 CMYK 옵션 선택(인쇄를 위한 색상 옵션)

프린터에 따라 전부 필요할 수 있으므로 캔바에서 이런 옵션들을 지원한다. 하지만 CMYK 옵션은 프로 계정의 경우에만 지원되는 기능이다.

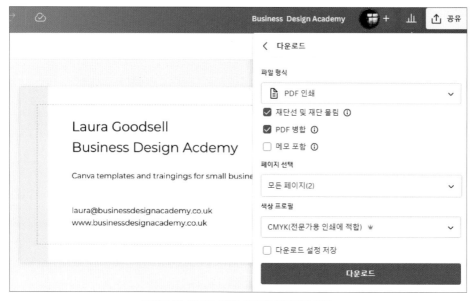

그림 9.31 재단선, 병합, CMYK 드롭다운 옵션

지금까지 소셜 미디어 채널을 위한 디자인을 만들고 명함을 준비했지만 비즈니스의 홍보에 대한 것은 무엇인가? 잡지, 팜플렛, 지역 전단지의 광고가 비즈니스를 홍보하는 훌륭한 방법이므로 다음은 이런 스타일의 디자인을 살펴보자.

⠿ 잡지나 팜플렛 광고

잡지나 팜플렛 광고는 홍보에 상당히 도움이 되고 비즈니스를 소개할 수 있는 또 다른 플랫폼이다.

명함을 만들 때와 마찬가지로 광고를 만들 때 실제 잡지에 인쇄될 수도 있다는 사실을 기억해 인쇄 재단 물림을 활성화하고, 다운로드할 때 **재단선 및 재단 물림**, **PDF 병합**, CMYK 옵션을 선택한다.

이제 이 디자인의 크기는 디자인을 보낼 출판사에 따라 결정된다. 기사나 광고를 인쇄하고자 요구되는 특정 크기가 있을 수 있다. 이 크기로 맞춤형 크기의 디자인을 생성한다. 인치나 밀리미터로 요청할 수 있으므로 드롭다운에서 측정 단위를 변경해 설정한다.

그림 9.32 다양한 맞춤형 디자인 크기

빈 디자인 템플릿이 생겼다면 광고를 만들기 시작한다. 단순하고 깔끔하게 유지하고 브랜드 전체의 일관성을 유지한다. 비즈니스를 홍보할 수 있는 공간이므로 모든 면에서 브랜드를 표현해야 한다.

다음과 같은 디자인을 만들어보자.

그림 9.33 기본적인 광고 디자인

필요한 크기를 모른다면 디자인 만들기에서 광고를 검색한다. 그러면 포스터 크기를 가져올 것이다. 기본적으로는 이 템플릿을 사용하고 정확한 수치를 얻으면 크기를 변경한다.

요소 영역에서 그라데이션을 검색하고 하나를 선택해 배경으로 지정하고 브랜드와 어울리는 색상으로 변경한다. 템플릿의 아래쪽 절반 정도에 대표 이미지를 추가할 그리드를 추가하고 템플릿의 모서리를 덮는다.

그림 9.34 광고 그라데이션 배경과 이미지 위치

중간 부분을 가로지를 리본 요소는 요소 영역에서 **기업 리본**^{corporate ribbon}으로 검색한다. 다양한 종류가 많이 보일 것이다. 이 특별한 요소는 프로의 기능이지만 다른 많은 무료 요소도 사용할 수 있다. 이 요소를 사용해 그리드의 사각형과 그라데이션 색상 사이를 덮고 디자인을 가로로 늘린다.

그림 9.35 기업 리본 요소 선택

이 요소의 색상도 변경해 브랜드 색상으로 설정한다. 디자인의 배경이 완성됐다면 텍스트 상자를 추가한다. 상단에 비즈니스 명칭을 위치시키고 글자의 크기를 늘린 후 대문자 기능을 사용하고 그 아래에 비즈니스에 대한 짧은 설명을 추가한다.

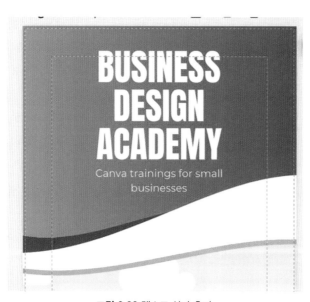

그림 9.36 텍스트 상자 추가

다음으로 이미지를 추가한다. 요소 영역에서 검색해 2개의 원 프레임을 디자인에 추가한다. 이 프레임은 무료로 사용할 수 있다. 사진 라이브러리나 직접 업로드한 자신의 이미지를 끌어다 놓는다.

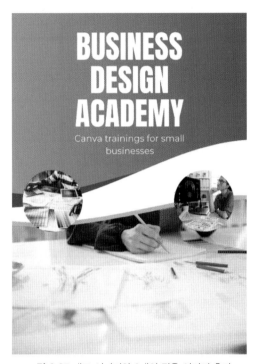

그림 9.37 대표 이미지와 2개의 작은 이미지 추가

마지막으로 상세 연락처를 추가한다. 이를 위해 요소 영역에서 모서리가 둥근 사각형 도형을 찾은 후 상단의 하얀 선을 사용해 버튼 모양이 되도록 높이를 줄인다.

그림 9.38 도형을 선택해 버튼 배경을 생성

이 도형의 색상을 브랜드에 맞게 변경한 후 텍스트 상자를 추가하고 전화번호
나 웹 주소, 이메일 주소, 소셜 미디어 계정 등 사람들이 연락할 수 있는 가장
좋은 연락처 정보를 입력한다.

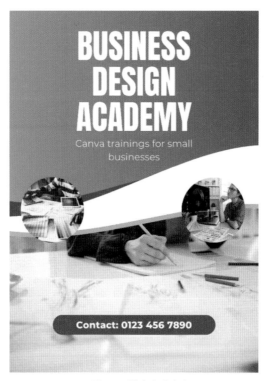

그림 9.39 완성된 디자인

항상 처음부터 시작할 필요 없이 필요할 때 여기에 더 많은 정보를 추가할 수 있지만 이 작업이 시작할 수 있는 기초가 된다.

TIP

> 상세 주소가 더 눈에 띄길 바란다면 아이콘을 추가한다. 예를 들어 전화 아이콘을 전화번호 옆에 위치시킬 수 있다.

9장을 재밌게 읽었으면 좋겠다. 그리고 이 장을 통해 비즈니스에서 사용할 수 있는 멋진 그래픽을 만들 기초를 다졌길 바란다.

⠿ 요약

9장을 마무리했다. 프로필 프레임, 페이스북 배너, 움직이는 인스타그램 스토리, 명함, 잡지나 팜플렛 광고까지 비즈니스에 도움이 되는 몇 개의 그래픽을 만들었다. 만드는 동안 페이스북 배너의 크기를 맞추는 방법과 플랫폼이 이미지를 압축한다는 것도 살펴봤다. 원 요소를 사용해 프로필 프레임을 만드는 방법도 살펴봤다. 디자인에 애니메이션을 추가하는 2가지 방법을 살펴봤고 재단선과 재단 물림 사용법과 PDF 병합을 사용해 명함을 만들고 인쇄 준비를 하는 방법도 알아봤다. 또한 다양한 종류의 요소를 찾아 사용하는 방법과 함께 광고 스타일의 포스터도 만들었다.

9장의 앞부분에서 애니메이션을 소개할 때 디자인에 동영상을 추가하는 방법을 언급했다. 이제 10장에서 동영상 추가 방법을 알아본다.

10

비즈니스 마케팅에서의 동영상과 애니메이션 활용

마케팅 요소와 소셜 미디어 채널의 일부로 제작되는 대부분의 동영상과 오디오는 프로필의 선전과 가시성 향상에 도움이 된다. 페이스북 같은 플랫폼은 동영상이나 움직임으로 눈길을 끌 수 있는 포스트를 더욱 선호한다. 사람은 정적인 이미지보다 움직임이 있는 이미지에 더욱 관심을 갖기 때문이다. 그러므로 움직이는 그래픽을 만들면 비즈니스에 도움이 될 수 있다.

10장에서 다루는 내용은 다음과 같다.

- 프레젠테이션
- 오디오 추가와 편집
- 동영상 추가와 편집
- 애니메이션 추가
- 캔바로 직접 녹화

10장을 마치면 동영상의 효과에 대해 이해하고 캔바 디자인에 동영상 및 오디오 파일을 추가하고 편집하는 방법을 알 수 있다. 또한 기본적인 프레젠테이션을 생성하고 직접 녹화하고 애니메이션을 추가하는 방법을 알아본다.

프레젠테이션

캔바의 프레젠테이션 기능은 항상 새로운 기능을 추가해 점점 더 좋아지고 있다. 따라서 보기 좋고 상호작용을 하는 비즈니스용과 개인용 프레젠테이션을 만들 수 있다. 이렇게 만든 프레젠테이션은 강의나 훈련 과정을 진행하거나 화상 미팅을 하는 사람이나 재미있는 방법으로 무언가를 발표하고 싶은 사람에게 아주 훌륭하다.

캔바에는 몇 가지 프레젠테이션 옵션이 있지만 추천 목록에서 볼 수 있는 프레젠테이션(16:9)으로 시작한다. 이 옵션을 클릭하면 빈 프레젠테이션 템플릿이 열릴 것이다.

그림 10.1 디자인 만들기 탭의 프레젠테이션 크기

276

프레젠테이션의 페이지는 아래 또 그 아래로가 아니라 화면의 아래쪽을 따라 여러 페이지가 보이는 것을 알 수 있다. 이로써 여러 페이지가 잘 어울리는지 확인할 수 있다.

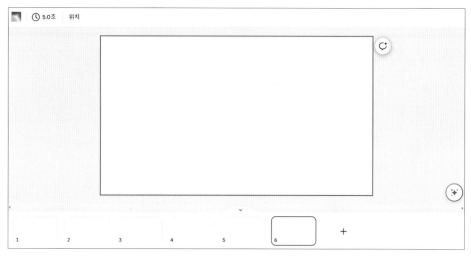

그림 10.2 빈 프레젠테이션 페이지

요소, 이미지, 도형을 사용해 프레젠테이션을 만들 수 있지만 왼쪽에서 볼 수 있는 수백 개의 템플릿을 사용하고 필요에 따라 편집해 사용할 수도 있다.

상단의 검색 상자를 사용해 분야에 잘 어울리는 것을 찾는다. 템플릿을 클릭하면 대부분의 템플릿이 여러 페이지를 갖는 것을 알 수 있다. 추가하고 싶은 페이지를 선택하거나 모든 x개 페이지에 **적용** 옵션을 사용해 모두 추가할 것인지 결정한다. 나중에 필요하지 않다면 개별적으로 삭제할 수 있다.

그림 10.3 프레젠테이션 여러 페이지의 템플릿 추가

이 예제는 프레젠테이션에 모든 페이지를 추가했다. 이제 여러 페이지가 아래
쪽을 따라 나열되고 일반적인 캔바 템플릿에서 텍스트, 이미지, 색상을 브랜드
에 맞게 변경했던 것처럼 각각의 페이지를 편집할 수 있다. 왼쪽의 스타일을
클릭하고 브랜드 색상을 선택한다(프로 버전에서 설정했다면). 그리고 **모든 페이지에 적용**
버튼을 클릭한다. 전체 프레젠테이션에 브랜드를 적용할 것이다.

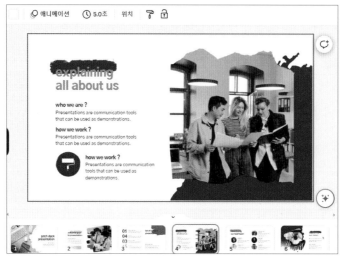

그림 10.4 브랜드 색상으로 변경

이미 상당히 달라 보인다.

정보를 입력하고 이미지를 변경하고 불필요한 페이지를 삭제하면 이제 프레젠테이션의 발표 방법을 선택한다.

그림 10.5 다양한 발표 옵션

상단의 프레젠테이션 탭을 보면 4개의 옵션이 있다.

- **전체 화면 프레젠테이션:** 준비가 됐을 때 다음 페이지로 넘어가 원하는 속도로 발표할 수 있다. 전체 화면 모드로 프레젠테이션한다.

그림 10.6 전체 화면 프레젠테이션 모드

- **자동 재생:** 각 페이지를 얼마나 오래 보여줄 것인지 설정할 수 있다. 그 후 자동으로 프레젠테이션한다. 이 모드도 전체 화면이다.

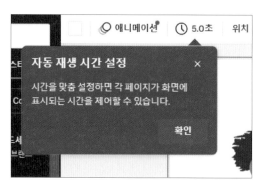

그림 10.7 프레젠테이션의 자동 재생 설정

- **발표자 보기:** 2개의 창이 보인다. 첫 번째 창을 화면에 두고 볼 수 있다.

그림 10.8 발표자 모드의 노트와 페이지

두 번째는 청중에서 정보를 보여주는 창이다. 이렇게 해서 발표자가 프레젠테이션 페이지를 보면서 노트를 참고할 수 있다.

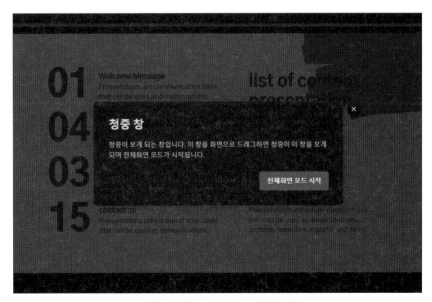

그림 10.9 발표자 보기 모드의 청중 창

- **프레젠테이션 및 녹화:** 내가 선호하는 모드로, 이 옵션은 프레젠테이션을 발표하면서 녹화할 수 있다. 모서리에서 녹화되는 것을 볼 수 있고 사전 녹화 강의에 적합하다.

그림 10.10 발표와 녹화를 동시에 하게 설정

녹화를 하기 전에 카메라와 마이크 설정을 확인할 수 있다. 또한 이 옵션은 오른쪽에 노트를, 그리고 아래쪽을 따라 여러 페이지를 제공하지만 결과는 전체 화면과 모서리의 작은 동영상만 보일 것이다.

그림 10.11 발표자 보기 모드의 발표 중 발표자의 작은 동영상

녹화를 마쳤다면 프레젠테이션의 링크를 공유하거나 나중에 사용할 수 있게 컴퓨터로 다운로드할 수 있다.

프레젠테이션과 관련해 또 한 가지 소개하고 싶은 것은 키보드 단축키다. 캔바는 다양한 키보드 단축키를 지원해 작은 애니메이션을 가져올 수 있다. 발표를 진행하는 동안 다음의 키를 누르면 어떤 동작을 하는지 확인한다.

- C: 색종이 조각

- D: 드럼

- Q: 조용히 이모티콘

- U: 커튼

- O: 비눗방울 효과

- B: 흐림 효과

- M: 마이크 떨어뜨리기

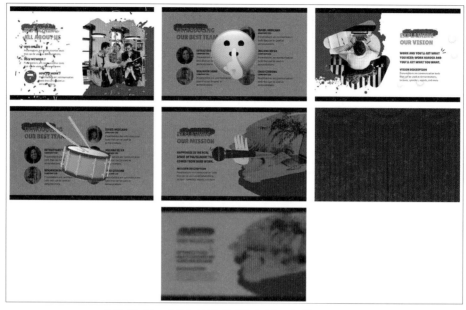

그림 10.12 프레젠테이션에 추가할 수 있는 다양한 애니메이션

프레젠테이션은 애니메이션을 추가할 경우 상당히 재미있다. 이제 더욱 눈길을 끄는 소셜 그래픽이 될 수 있게 오디오와 동영상을 추가하고 편집하는 방법을 살펴보자.

오디오 추가와 편집

유튜브, 인스타그램, 틱톡 같은 플랫폼에서 오디오가 추가된 디자인이 종종 사용되고 동영상 같은 다른 플랫폼에도 사용된다. 하지만 종종 동영상의 원래 소리를 들려주지 않고 싶을 수 있다. 대안으로 소리가 없는 동영상을 만들었을 지도 모른다. 여기에 오디오를 추가해 마무리하면 청중이 더욱 흥미롭게 여길 수 있다.

캔바의 오디오와 동영상 옵션은 디자인을 열었을 때 왼쪽 메뉴에서 찾을 수 있다. 왼쪽에서 앱 탭을 찾을 수 있다.

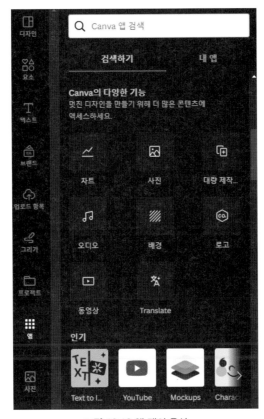

그림 10.13 앱 탭의 옵션

이제 오디오 작업 방법과 다양한 오디오 파일을 찾는 방법, 캔바 디자인에 추가하는 방법을 알아보자.

1. 앱 옵션을 선택하면 오디오와 동영상이 보일 것이다. 각각 클릭하면 메뉴에서 오디오와 동영상 탭을 볼 수 있다.

그림 10.14 왼쪽 메뉴의 오디오와 동영상

2. 이 부분에서 디자인에 오디오를 추가할 것이다. 검색 결과를 얻고자 오디오 옵션을 클릭한다.

   여기서 사용하고 싶을 만한 다양한 종류의 오디오를 찾을 수 있다. 검색 상자 아래의 **옵션** 버튼이 유용하다. 또는 아래로 스크롤해 최근에 사용됐거나 인기 있는 다양한 오디오 파일을 볼 수 있다.

그림 10.15 오디오 검색 탭과 사용할 수 있는 다양한 오디오 파일

3. 다음으로 오디오 파일을 재생하려면 이미지 아이콘에 마우스를 가져간다. 재생 버튼이 나타날 것이다. 이를 클릭해 디자인에 추가하기 전에 오디오를 들을 수 있다.

그림 10.16 선택된 오디오 파일

4. 원하는 오디오 파일의 조각을 찾았다면 이를 디자인에 추가할 수 있다. 화면의 하단으로 페이지 표시와 함께 해당 페이지에 추가된 오디오를 확인할 수 있다. 재생되는 부분을 변경하려면 더블 클릭하거나 상단의 조정 옵션을 선택한 후 좌우로 드래그해 변경할 수 있다. 화면 하단의 기간 옵션을 선택하면 편집 중인 오디오를 들을 수 있는 버튼이 나타난다.

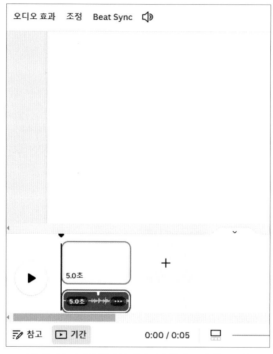

그림 10.17 디자인 하단의 페이지와 함께 표시되는 오디오

5. 이 예제는 오디오의 일부만 재생되고 재생 시간은 5초다. 재생 시간을 늘리거나 줄이려면 오디오 파일이 아닌 디자인의 시간 프레임을 조절해야 한다. 오디오는 디자인에서 설정된 시간 동안 재생될 것이다.

그림 10.18 5초 길이로 사전 정의된 오디오

6. 오디오 외의 다른 부분을 클릭해 상단의 바가 나타나면 디자인의 길이를 조정할 수 있다. 사전에 항상 5초로 지정돼 있는데, 상자 안의 시간을 변경하고 엔터키를 누른다.

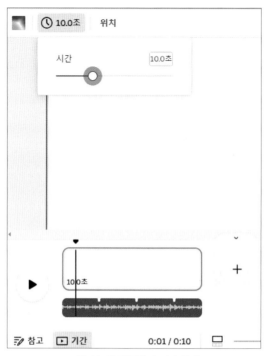

그림 10.19 템플릿의 길이 변경

7. 오디오의 재생 시간을 변경하려면 화면 하단의 오디오를 나타내는 보라
색 상자의 왼쪽이나 오른쪽에 마우스를 가져간다. 조정할 수 있는 막대
가 보일 것이다. 이 막대를 드래그해 재생 길이를 조절할 수 있다. 템플
릿의 시간보다 짧게 설정하면 나머지 시간은 소리가 나지 않는다.

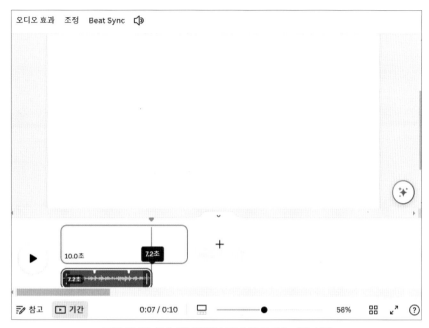

그림 10.20 10초 템플릿에서 7.2초만 오디오 재생 설정

8. 한 페이지에 2개 이상의 오디오를 추가할 수도 있다. 왼쪽의 오디오 메뉴에서 원하는 오디오를 선택하면 화면 하단에 서로 다른 색상의 오디오가 표시된다. 두 오디오 재생의 시점이 다르다면 옆으로 표시되고, 함께 재생된다면 위아래로 함께 표시될 것이다.

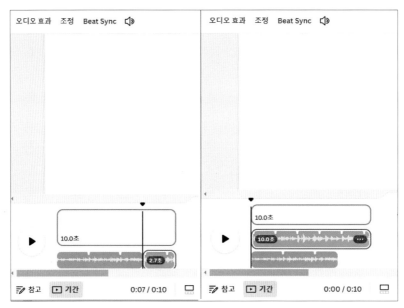

그림 10.21 2개의 오디오가 추가된 템플릿

이제 디자인에 어울리게 오디오를 추가하고 조절할 수 있을 것이다.

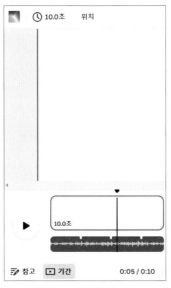

그림 10.22 오디오 파일의 길이 조정

소리의 크기는 화면 상단의 스피커 아이콘을 사용해 조절할 수 있다.

이제 좀 더 나아가 동영상을 추가하고 편집하는 방법을 살펴보자.

동영상 추가와 편집

캔바는 환상적인 동영상 라이브러리를 제공한다. 필요한 동영상을 찾는 것이 일반적이지만 동영상을 업로드하고 편집할 수도 있고, 또한 동영상의 배경을 제거할 수 있다. 이는 프로 기능이지만 언급할 가치가 있다.

캔바에 동영상을 업로드하려면 빈 템플릿이나 기존 템플릿에서 왼쪽의 **업로드** 탭을 클릭한다. 여기서 컴퓨터의 사진이나 동영상을 업로드할 수 있다. 업로드 항목에 동영상을 올리고 올린 동영상을 클릭하면 템플릿에 추가된다. 여기서 상단 바의 옵션을 사용해 편집할 수 있다.

그림 10.23 동영상 추가와 다양한 동영상 편집 옵션

동영상 편집 탭을 클릭하면 배경 제거 앱이 화면 왼쪽에, 그리고 오른쪽으로 따뜻함, 색조, 밝기, 대비 등의 동영상 조절을 위한 옵션이 나타난다.

그림 10.24 동영상을 위한 효과와 조정 탭

배경 제거 앱을 살펴보고 배경 제거를 클릭하기 전과 후의 동영상을 살펴보자. 다음은 배경이 있는 배경 제거 전의 동영상이다.

그림 10.25 배경을 제거하기 전의 동영상

다음은 배경이 제거된 이후의 동영상이다.

그림 10.26 배경 제거 이후의 동영상

동영상과 디자인이 눈길을 끌 수 있게 단색 배경이나 그리드, 프레임을 사용해 디자인에 추가할 수 있다. 이 방법으로 그리드와 프레임에 이미지를 추가해 산만함을 줄였다.

다음으로 동영상을 자르거나 줄이는 작업이 가능하다. 끝 부분이 끝나지 않는 것처럼 보인다면, 즉 녹화 이후 **종료** 버튼을 클릭할 때까지의 부분이 존재한다면 이 부분을 잘라내는 것이 좋다. 상단 바의 양쪽 끝에 있는 보라색 줄을 드래그해 처리하고 **완료**를 선택한다. 동영상을 줄이면 왼쪽 상단에서 9.1초로 보이는 재생 시간이 줄어드는 것을 볼 수 있다.

그림 10.27 동영상의 길이 조정

동영상 **재생** 옵션은 2가지다. 동영상을 수동으로 정지시킬 때까지 반복해서 재생되는 연속 재생 옵션이 있다. 또한 동영상을 표시될 때 재생을 눌러서 재생하는 대신 자동으로 동영상이 재생되게 하는 옵션이 있다.

그림 10.28 동영상 재생 옵션

또한 상단 바에서 **자르기** 옵션을 선택하면 동영상의 하얀 모서리를 드래그해 크기를 자를 수 있다. 이 기능으로 보여주고 싶지 않은 배경의 물건이나 사람을 제거할 수 있다.

그림 10.29 동영상 크기 자르기

마지막으로 다른 템플릿이나 요소에 했던 것처럼 동영상을 뒤집거나 회전하고 움직이게 할 수 있는데, 다음으로 이 작업을 알아본다. 애니메이션에 대해 좀 더 상세히 살펴본다.

⁖ 애니메이션 추가

동영상을 추가하는 대신 애니메이션을 추가하는 것도 좋은 방법이다. 동영상 녹화의 번거로움이 싫다거나 캔바에서 잘 어울리는 동영상을 찾을 수 없다면 애니메이션을 추가해 디자인을 MP4 파일로 바꿀 수 있고, 여전히 움직임이나 동영상을 소셜 미디어 채널에 올릴 수 있다.

애니메이션을 추가하고 디자인의 여러 부분을 서로 다르게 움직이게 하는 몇 가지 방법이 있다.

다음과 같이 움직이게 할 수 있다.

- 전체 디자인 일체

- 개별 텍스트 상자

- 개별 요소

- 개별 이미지와 동영상

디자인의 어떤 부분을 선택했느냐에 따라 화면의 왼쪽에 서로 다른 옵션이 나타난다. 요소나 텍스트 상자, 이미지를 선택하고 애니메이션을 클릭한다. 왼쪽에 새로 애니메이션 상자가 나타나고 2개의 탭을 볼 수 있다. 하나는 선택한 항목에 대한 설정이고 하나는 전체 페이지에 대한 설정으로 둘 다 설정할 수 있다.

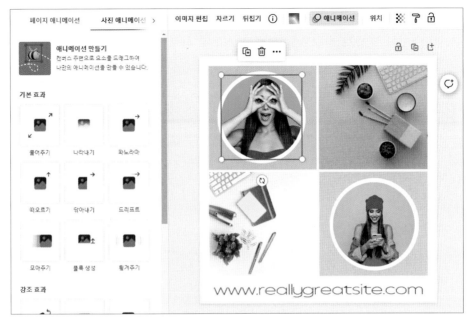

그림 10.30 사진 애니메이션

애니메이션 상자에 마우스를 올리면 어떻게 보이게 될지 알려주고자 디자인에 적용된 결과를 보여준다. 페이지 애니메이션 옵션을 클릭하고 마우스를 올린다. 동일하게 동작하지만 애니메이션이 전체 디자인에 적용된다.

요소와 이미지(그리고 동영상)의 애니메이션은 3개의 추가 이미지/동영상 옵션을 제외하고 아주 비슷하다. 아래로 스크롤하면 이미지와 동영상에서만 3개의 옵션을 더 볼 수 있다.

그림 10.31 3개의 추가 사진/비디오 애니메이션

텍스트 애니메이션은 약간 다지만 **타자기** 효과 같은 몇 개의 새로운 옵션을 볼 수 있다. 이는 텍스트 상자 전용으로 텍스트의 문구가 눈길을 끌게 할 수 있다.

그림 10.32 텍스트 상자 애니메이션

9장에서 언급했던 것처럼 움직이는 요소를 추가해 요소나 스티커 애니메이션을 디자인에 넣을 수 있다. 이는 요소 영역에서 찾을 수 있다. 또한 동영상과 오디오도 검색할 수 있다.

이제 동영상과 오디오를 추가하는 방법을 알았으니 캔바를 사용해 직접 녹화하는 방법을 살펴본다.

⠿ 캔바로 직접 녹화

무언가를 녹화하고 캔바 템플릿에 추가할 때 많은 시간을 아낄 수 있는 훌륭한 기능이 있다. 일반적으로 또 다른 플랫폼을 사용하거나 카메라에서 꺼내고 컴퓨터로 업로드한 후 추가해야 한다. 직접 녹화 기능은 이 모든 과정을 생략할 수 있고 사용하기도 아주 간단하다.

이 기능을 찾으려면 녹화 영상을 추가하려는 디자인이 필요하다. 나는 다음과 같은 목업을 만들었다.

그림 10.33 직접 녹화할 템플릿 준비

Video in Canva 문구 아래에 작은 비디오를 추가하려 한다.

이를 위해 왼쪽의 메뉴로 가서 업로드 항목 옵션을 선택한다. 여기서 **파일 업로드** 버튼을 찾을 수 있고 그 아래에 있는 **직접 녹화하기** 버튼을 선택한다.

그림 10.34 업로드와 녹화 옵션

템플릿의 배경으로 새로운 창이 열리고 왼쪽 하단 모서리에 작게 자신의 모습이 보일 것이다.

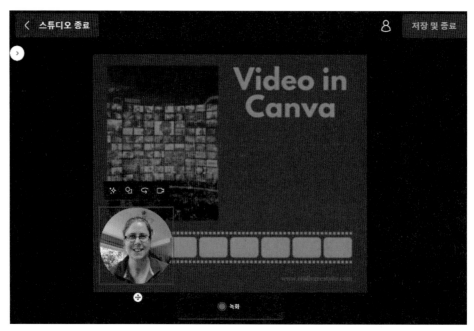

그림 10.35 템플릿에서 직접 녹화

앞의 창에서 다음과 같은 4개의 옵션을 볼 수 있다.

- **필터 & 효과**

  비디오에 다양한 필터를 추가할 수 있다. 지금은 매끄럽게 하는 효과만
  있다.

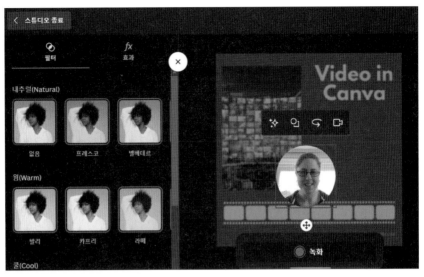

그림 10.36 비디오에 필터 추가

- **도형 변경**

원형 또는 사각형 모양의 비디오를 선택할 수 있다.

그림 10.37 비디오의 도형 변경

- **미러 카메라**

  이 옵션으로 카메라를 뒤집거나 미러링해서 글자가 바르게 보이게 할 수 있다.

그림 10.38 비디오를 뒤집거나 미러링

- **카메라 끄기**

  이 옵션으로 카메라를 끄고 소리만 녹음할 수 있다.

그림 10.39 소리만 녹음

이 예제의 모든 설정을 그대로 두고 아래쪽의 **녹화** 버튼을 클릭한다. 3, 2, 1의 카운트다운을 볼 수 있을 것이다. 그 후 자동으로 녹화가 시작된다. 다음으로 빨간색 원의 아래쪽에 **녹화 중**이라는 문구를 볼 수 있고 녹화가 진행되고 있음을 알 수 있다.

그림 10.40 템플릿에서 녹화

녹화를 마쳤다면 **완료**를 클릭한다. 여기까지가 비디오 녹화 과정이다. 다음으로 상단 바의 오른쪽에 있는 **저장 및 종료** 탭을 클릭한다. 이제 디자인에 비디오가 추가됐을 것이다. 이제 해야 할 일은 비디오를 원하는 위치로 이동시키고 저장한 후 사용할 준비가 끝난 디자인을 다운로드하는 것이다.

그림 10.41 녹화를 완료하고 완성한 템플릿

캔바에서 직접 녹화를 하는 것은 많은 시간을 절약할 수 있는 기능이다. 10장에서 살펴봤듯이 사전에 녹화한 동영상을 추가하거나 캔바의 비디오 라이브러리를 사용할 수도 있다.

실습이 많은 10장의 학습을 마쳤다. 내용을 즐겼기를 바라며 여기서 살펴본 동영상 정보를 연습하는 것을 권한다.

⁝⁝▶ 요약

10장에서는 동영상, 오디오, 애니메이션을 다뤘다. 이제 동영상과 오디오 파일을 추가하거나 검색할 수 있고 캔바에서 직접 녹화할 수 있다. 또한 동영상의 길이를 편집하고 크기를 자르거나 뒤집을 수 있다. 다양한 애니메이션을 전체 디자인이나 디자인의 일부에 추가하는 방법을 살펴봤다. 다음에는 프레젠테이션을 살펴봤다. 이제 프레젠테이션을 만들 수 있고, 발표하고 녹화할 수 있으며 또한 발표 중에 재미있는 애니메이션을 추가할 수도 있다. 직접 만든 훌륭한 디자인을 다운로드하고 공유하는 방법을 아직 다루지 않았고 11장에서 살펴본다.

11

디자인 다운로드와 공유

캔바를 사용하는 방법과 비즈니스에 맞는 훌륭한 디자인을 만드는 방법을 살펴 봤으므로 11장에서는 다운로드와 공유를 다룬다. 디자인을 다른 사람과 공유할 수 있고 소셜 미디어에 연결하는 방법을 알아본다.

11장에서 다루는 내용은 다음과 같다.

- 디자인 다운로드

- 디자인 공유

- 소셜 미디어 연결

- 클릭할 수 있는 링크 생성

- 캔바에 연결 가능한 앱

- QR 코드 생성

11장을 마치면 자신의 QR 코드를 생성하는 방법과 소셜 플랫폼에 연결하는 방법, 디자인을 다운로드하고 다른 사람에게 직접 공유하는 방법을 알게 된다. 다운로드부터 시작해보자.

⁖ 디자인 다운로드

캔바에서 다운로드하는 것은 다른 기능과 마찬가지로 상당히 직관적이다. 디자인을 만드는 작업을 마쳤다면 상단의 **공유** 버튼을 클릭한다. 그러면 여러 옵션이 나타나지만 여기서는 **다운로드** 버튼을 살펴본다. 드롭다운 메뉴에 다양한 다운로드 옵션이 나타난다. 대부분의 디자인에서 가장 중요한 것은 PNG일 것이다. 이는 이미지 파일로, 3장에서 다뤘고, PDF 옵션은 12장에서 다룬다. 여기서는 실습을 위해 PNG 옵션을 선택한다.

그림 11.1 다운로드 옵션

PNG를 선택하면 추가 옵션이 있는 페이지가 나타난다. 프로 버전 사용자라면 투명 배경으로 파일을 다운로드할 수 있고 파일 크기를 압축할 수 있다. 다운로드 설정도 저장되므로 또 다른 디자인을 만들 때 자동으로 이 설정이 선택된다.

그림 11.2 다운로드 추가 옵션

다음으로 다운로드를 선택하면 사용하고 있는 기기에 따라 컴퓨터나 폰으로 디자인을 보낸다.

축하 메시지와 함께 복사해 다른 사람에게 보내거나 소셜 미디어에 게시할 수 있는 링크가 표시된다.

그림 11.3 다른 사용자와 디자인 공유 팝업

여기까지가 디자인을 다운로드하는 방법이다. 간단하고 편하다. 이제 캔바의 디자인을 직접 공유하는 방법을 살펴본다.

디자인 공유

캔바 디자인의 공유는 상당히 유용하다. 예를 들어 가상의 조수가 있고 아이디어를 공유해야 한다거나 가족이나 소셜 미디어에 공유하고 싶을 수 있다. 심지어 나중에 사용할 수 있게 메일에서 Mailchimp로 직접 그래프를 보낼 수도 있다.

모든 다운로드와 공유 옵션은 같은 위치에서 찾을 수 있다. 공유 버튼을 클릭하고 공유 옵션을 찾고자 더 보기를 클릭한다.

그림 11.4 더 보기 옵션

여기서 모든 옵션이 각각의 그룹에 위치하고 있는 것을 볼 수 있다. 그룹은 다음과 같다.

- 공유

- 소셜

- 저장

- 메시지

- 디자인

- 옵션 더 보기

공유 영역을 가장 자주 사용할 것이다. 여기서 **템플릿 링크**를 클릭하면 복사해서 붙여 넣을 수 있는 링크가 나타난다. 하지만 이는 다른 사용자의 캔바 계정에 추가해 그들이 무엇을 하는지 알리지 않고 편집하거나 사용할 수 있게 된다.

그림 11.5 템플릿 링크

또한 디자인을 발표하고 녹화하기 위한 옵션도 있다. 이는 10장에서 자세히 살펴봤다.

링크를 클립보드에 복사해 컴퓨터에 저장하거나 디자인을 볼 수만 있고 편집은 할 수 없게 보기 전용 링크 옵션을 선택해 링크를 전송한다.

그림 11.6 공유 옵션

소셜 영역으로 접속해 직접 소셜 계정으로 디자인을 전송할 수 있다. 이 영역에 대해서는 뒤에서 좀 더 살펴본다.

그림 11.7 소셜 연결 옵션

아래로 계속 스크롤해보면 저장과 메시지 영역을 볼 수 있다. 여기서 구글 드라이브, 드롭박스 등 다양한 곳에 디자인을 저장할 수 있고 이런 플랫폼에서 계속해서 다른 사람에게 디자인을 공유할 수 있다.

메시지는 이메일, 페이스북 메신저, `Mailchimp` 등의 메시지 플랫폼에서 디자인을 열어 공유할 수 있다.

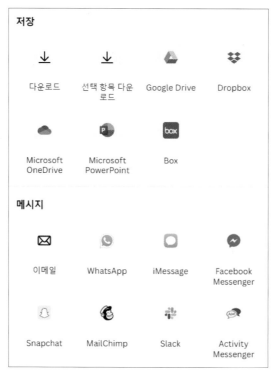

그림 11.8 저장 및 메시지 영역

MailChimp 옵션을 선택하면 디자인을 계정의 이미지 영역에 저장하는 단순한 상자가 나타난다.

그림 11.9 Mailchimp에 직접 디자인 저장

디자인을 공유하는 것은 아주 직관적이다. 캔바는 언제나 연결해서 콘텐츠를 공유할 수 있는 곳과 앱을 지속적으로 추가할 것이다. 하지만 무엇인가를 공유

하기 전에 소셜 계정을 캔바 계정에 연결시키고 디자인을 직접 공유할 수 있게 권한을 줘야 한다. 따라서 이 내용을 다음에 살펴보면 연결 및 공유를 할 수 있을 것이다.

소셜 미디어 연결

캔바 계정에 연결할 수 있는 대부분의 소셜 채널은 직관적이다. 단지 로그인 정보만 요구할 뿐이다. 완료하기까지 추가 단계가 필요한 것은 페이스북뿐일 것이다. 간단한 방법을 먼저 살펴본 후 페이스북을 살펴본다.

디자인을 완성하고 공유할 준비가 됐다면 우측 상단의 **공유** 버튼을 클릭한다. 다음으로 더 보기를 클릭하고 플랫폼을 선택한다. 캔바에서 연결을 요청하는 화면을 볼 수 있다.

그림 11.10 소셜 미디어 플랫폼 연결

연결 버튼을 클릭하면 안전하게 로그인할 수 있게 요청하는 소셜 플랫폼의 팝업
이 뜬다. 입력을 마치면 설정이 완료되고 직접 게시할 준비가 된 것이다.

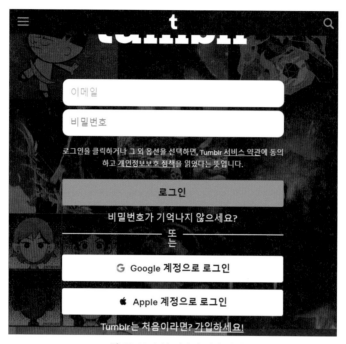

그림 11.11 소셜 미디어 계정 연결

현재 나는 Tumblr을 사용하지 않지만 트위터는 사용하고 있다. 소셜 플랫폼에
게시할 때마다 게시물을 만들고자 필요한 입력 상자를 보여주고 너무 많은 글
자를 입력하지 않도록 글자 개수 제한을 표시한다.

그림 11.12 소셜 미디어 플랫폼 전송을 위한 캔바의 게시물 생성

페이스북은 캔바에서 페이스북 계정에 직접 접속할 수 있게 권한을 줄 것을 요청한다. 접속을 시도하면 이 메시지가 나타나고 2개의 플랫폼에 접속하는 방법을 제시한다.

그림 11.13 캔바에 페이스북 계정 연결

페이스북 계정에 로그인하고 단계별 지시에 따라 연결해야 하지만 한 번 설정을 완료하면 연결된 다른 소셜 계정과 마찬가지로 직접 페이스북에 게시할 수

있다. 페이스북 그룹뿐 아니라 페이지에도 공유할 수 있지만 개인 프로필에는
아직 공유할 수 없다.

그림 11.14 다양한 페이스북 공유 옵션

소셜 미디어 플랫폼에 자동으로 공유할 뿐 아니라 왼쪽 하단 모서리의 캘린더
아이콘을 클릭하면 콘텐츠 캘린더를 사용해 게시할 일정을 예약할 수 있다.
이 기능을 다시 확인하고 싶다면 1장을 다시 살펴본다.

그림 11.15 소셜 미디어 게시 일정 예약

이 주제의 마지막 부분으로 이제 홈페이지로 돌아가 연결된 모든 앱과 소셜 채널을 찾을 수 있다. 오른쪽 상단의 아이콘을 선택한 후 계정 설정을 클릭한다.

그림 11.16 계정 설정 탭

아래로 스크롤하면 모든 연결 계정의 목록이 있을 것이다. 또한 각 계정의 연결을 끊을 수 있는 옵션도 있다.

그림 11.17 계정에 연결된 앱과 소셜 미디어 채널

계정을 캔바에 연결하면 시간을 아낄 수 있고 청중에게 더 빨리 닿을 수 있다. 또한 이미지를 다운로드해서 다시 여러 플랫폼에 업로드할 필요가 없기 때문이다.

청중과 연결하는 또 다른 방법은 디자인에 링크를 추가해 디자인을 공유하고 싶은 곳, 예를 들어 웹사이트나 소셜 미디어 채널에서 사람들이 직접 접근할 수 있게 하는 것이다.

클릭할 수 있는 링크 생성

나는 문서에 클릭할 수 있는 링크를 생성하는 것을 좋아한다. 전자책에 웹사이트를 추가할 수 있고 인포그래픽에 소셜 채널을, 판촉 유인물에 이메일 주소를 추가할 수 있다. 게다가 더 이상 간단할 수 없을 만큼 간단하다. 캔바에서 더 많은 사람을 자신의 비즈니스로 끌어당길 수 있는 클릭 가능한 링크를 쉽고 훌륭하게 만들 수 있다.

디자인에 링크를 추가하려면 동작하는 버튼을 만들거나 밑줄이 표시되는 문구가 필요하다. 여기서는 미디어 키트 페이지를 예제로 선택했다.

그림 11.18 미디어 키트 페이지

이 페이지에 소셜 미디어 아이디를 추가했다. 아직 일반적인 텍스트 상자지만 클릭할 수 있는 링크로 바꿔 이 주소로 메일을 보내려고 할 때 사용자는 이 소셜 미디어 피드에 접근 할 수 있게 하고 싶다.

그림 11.19 클릭 가능한 링크로 바꿀 텍스트 상자

디자인의 텍스트 상자 하나를 선택하고 플로팅 도구 모음에서 더 보기 아이콘을
선택한 후 2개의 원이 연결된 모양의 아이콘을 선택한다.

그림 11.20 링크 생성을 위한 2개의 원이 연결된 모양의 아이콘

링크를 선택하면 검색 상자가 나타난다. 웹 주소나 소셜 미디어 주소를 입력하
면 연결될 것이다.

그림 11.21 링크의 URL 입력

TIP

소셜 미디어의 채널을 추가할 때 반드시 전체 주소를 입력한다. @socialchannel만 입력하지 않고
www.facebook.com/page/socialchannel로 입력해야 제대로 동작할 것이다.

링크가 연결된 문구에 밑줄이 나타났으므로 잘 동작한다고 볼 수 있다.

그림 11.22 클릭할 수 있는 링크 생성

앞부분에서 버튼을 추가하는 것을 언급했다. 추가할 수 있는 특정한 버튼은 없지만 버튼 모양의 요소를 검색하거나 추가하거나 버튼처럼 보이게 만들 수 있다.

그림 11.23 요소 영역에서 버튼 검색

다음으로 단순한 텍스트가 아닌 버튼으로 보이도록 가장 앞에 텍스트 상자를 추가하고 링크를 연결한다.

그림 11.24 링크 버튼 생성

지금까지 소셜 미디어 계정에 연결하고 PDF에 보는 사람을 연결하는 방법을
알아봤다. 그 외에도 계정에 연결할 수 있는 많은 앱이 있다는 사실을 아는가?
이 방법으로 접근할 수 있는 놀라운 콘텐츠와 기능이 있다.

⁝⁝ 캔바에 연결 가능한 앱

캔바는 훌륭한 플랫폼이기 때문에 캔바 계정에 앱을 연결하는 것은 큰 보너스
를 받은 것 같은 느낌이다. 이 경로를 통해 더 많은 것에 접근할 수 있으므로
직접 접속하고 사용할 수 있는 앱을 소개한다. 모든 앱은 홈페이지의 왼쪽에서
볼 수 있는 앱 영역에서 찾을 수 있다.

가장 먼저 공유하고 싶은 앱은 Text To Image다. 직접 글자를 입력하고 캔바가
설명을 기반으로 이미지를 생성한다.

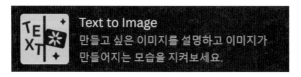

그림 11.25 캔바의 Text to Image 아이콘

앱을 열고 새 디자인에서 사용을 클릭한 후 템플릿의 크기를 선택한다. 이 앱에서 만드는 모든 이미지는 템플릿의 크기와는 별로 상관없다. 이제 왼쪽에 설명을 입력할 상자가 보이고 연습해 보기 옵션을 참고할 수 있다. 그다음으로 스타일을 선택할 수 있는 옵션이 있다.

그림 11.26 Text to image

여기서는 설명으로 Dog wearing sunglasses in the rain을 입력하고 스타일은 활기찬 옵션을 선택했다. 다음은 캔바에서 나를 위해 생성한 이미지들이다.

그림 11.27 캔바에서 AI가 생성한 이미지

4개의 별난 이미지가 생겼고 캔바의 어떤 디자인에서든 사용할 수 있다.

무엇을 만들 수 있는지 한 번 해보자. 아주 재미있는 앱이다.

다음으로 살펴볼 기능은 직접 그림을 그릴 수 있는 그리기다(아쉽게도 2023년 6월 현재는
찾을 수 없는 앱이지만 기본적인 디자인 화면의 그리기 옵션에서 확인할 수 있다. - 옮긴이).

그림 11.28 캔바의 그리기 옵션

그리기 옵션을 선택하면 왼쪽에 펜과 사용할 수 있는 옵션이 나타난다. 현재는 선택할 수 있는 3개의 펜과 지우개가 있고 그림을 선택할 수 있는 마우스 커서 모양 옵션, 색상 옵션, 선 두께와 투명도를 조절할 수 있는 옵션이 있다.

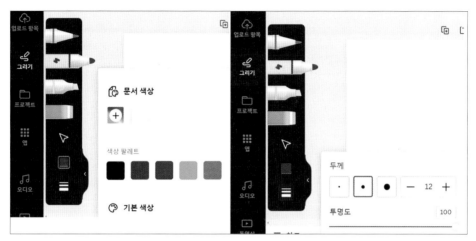

그림 11.29 그리기 펜과 옵션

펜과 색상을 선택한 후 컴퓨터의 마우스나 노트북의 마우스패드 또는 태블릿이라면 손가락을 사용해 그린다.

다음 그림은 다양한 펜 옵션이 어떤 모양인지 보여주는 예다.

그림 11.30 다양한 펜 종류의 예

다음으로 소개할 앱은 그림자다. 안타깝게 2023년 6월 현재는 별개의 앱으로는 확인할 수 없다. 이 기능으로 이미지에 그림자를 추가할 수 있다. 이 앱에서 그림자가 오브젝트 주변에 생기게 하려면 먼저 이미지의 배경을 지워야 한다.

그림 11.31 Shadow 앱 아이콘(현재는 찾을 수 없다)

이 앱을 사용하고 싶을 때 새 디자인에 적용 버튼을 클릭하면 새로운 템플릿이 열린다. 빨간 모자를 쓴 여자 아이의 예제 이미지가 템플릿에 나타나지만 이 이미지는 지울 수 있고 원하는 이미지를 업로드 항목이나 사진 탭에서 찾아 추가 할 수 있다.

그림 11.32 그림자 앱/화면(현재는 찾을 수 없다)

이미지가 준비됐다면 상단의 이미지 편집을 클릭하고 Shadows를 검색한 후 드롭 (Shadows 하위 옵션 중 하나)을 선택한다. 다음으로 한 번 더 클릭하면 설정 화면이 뜬다.

그림 11.33 Shadow 옵션

여기서 그림자의 명암과 방향, 흐리기, 심지어 색상까지 조절할 수 있다. 결과적으로 3D 효과가 된다.

다음 그림은 같은 이미지의 그림자 효과 적용 전과 후다.

그림 11.34 그림자 적용 전/후 이미지

그림자를 추가해 그림에 깊이를 줬다.

마지막으로 Character Builder 앱을 소개한다. 이 앱은 상대적으로 새로운 앱이고 점차 더 좋아질 수 있다. 자신의 캐릭터를 만들 수 있고 옷, 특징 그리고 다양한 색상을 설정할 수 있다. 또한 이런 캐릭터를 디자인에서 사용할 수 있다.

Character Builder
나만의 독특한 캐릭터를 만드세요.

그림 11.35 캔바의 Character Builder 아이콘

앱을 클릭하고 새 디자인에서 사용을 클릭하면 다른 앱처럼 왼쪽의 메뉴가 바뀐다. 메뉴에 캐릭터를 만들고자 사용할 수 있는 모든 부분이 있을 것이다. 머리와 얼굴, 몸통, 피부색, 머리색이 있다.

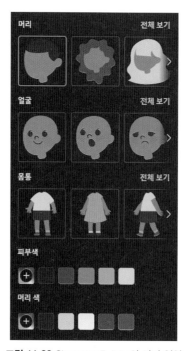

그림 11.36 Character Builder의 여러 영역

330

각 영역의 더 많은 옵션을 보고 싶다면 **전체 보기** 탭을 클릭한다. 캐릭터를 만들 수 있는 다양한 모양과 스타일이 있어 선택할 수 있다. 각 옵션을 선택하면 빈 디자인에 보일 것이다. 다음 그림은 5번의 클릭으로 생성한 캐릭터다.

그림 11.37 Character Builder

독특한 자신의 캐릭터를 만들어 비즈니스에 사용할 수 있기 때문에 상당히 재미있는 앱이다. 마스코트를 아이콘으로 사용할 수 있다.

캔바 계정에 신규 앱, 생산성, 디자인 필수품, 공유, 게시의 모든 앱을 연결할 수 있다.

그림 11.38 캔바에서 사용할 수 있는 앱 모음

마지막으로 소개하고 싶은 앱은 QR code다. 이는 디자인에 추가할 수 있고 비즈니스용으로 아주 완벽한 앱이므로 하나의 영역으로 따로 소개한다.

QR 코드 생성

QR 코드는 바코드와 비슷하다. 누구나 핸드폰의 카메라를 사용해 QR 코드를 스캔할 수 있고 그러면 디자인의 QR 코드에 연결된 링크가 열릴 것이다. 웹페이지나 소셜 미디어 링크, 이메일 주소를 주로 추가하지만 어떤 URL이든 가능하다.

앱에서 QR 코드를 추가할 수 있다. 앞에서 언급했으므로 바로 살펴본다.

QR 코드를 추가하고 싶은 디자인을 열거나 만든 다음 왼쪽의 메뉴에서 앱 탭을 선택하고 QR Code 옵션을 클릭한다.

그림 11.39 왼쪽 메뉴의 앱 모음

단순한 URL 입력 상자가 나타난다. 여기서 QR 코드에 연결하고 싶은 링크를
입력한다. 표준 QR 코드로 둘 수 있고 **맞춤 제작**을 클릭해 코드의 색상을 브랜드
에 맞출 수 있다. 여백 옵션으로 테두리의 크기를 변경한다.

그림 11.40 QR 코드 맞춤 제작

생성된 QR 코드는 템플릿에서 바로 볼 수 있고 템플릿에서 QR 코드를 선택해 크기를 조절할 수 있다.

그림 11.41 템플릿 디자인의 QR 코드

이제 보는 사람이 더욱 쉽게 여러분의 비즈니스를 찾고 연결할 수 있는 방법이 하나 더 늘었다.

⁞∷ 요약

11장에서는 완성된 디자인을 다운로드하는 방법을 살펴봤다. 이제 어떤 디자인이든 누구에게나 공유할 수 있고 캔바 계정에 소셜 미디어 계정을 연결시키는 방법, PDF 문서에 클릭할 수 있는 링크를 추가하는 방법도 살펴봤다. 캔바 계정에서 연결할 수 있는 여러 앱을 찾아봤고 QR 코드를 생성해 디자인에 추가하는 방법도 알아봤다.

11장에서 디자인을 공유하는 방법을 다뤘으므로 이제는 한 발자국 더 나아가 12장에서는 디자인의 인쇄를 살펴본다.

12

인쇄를 위한 팁과 트릭

캔바에서 훌륭한 그래픽을 디자인하는 것은 작은 비즈니스의 주인이라면 필수적이다. 지금까지 이 책에서 디자인을 만들고 공유하는 많은 정보와 설명, 팁을 살펴봤지만 캔바에서도 인쇄는 필요하다. 외부의 인쇄소를 통해서 뿐 아니라 캔바에서 직접 인쇄해야 할 수 있다. 그러므로 이 책의 마지막 장인 12장에서는 디자인을 인쇄하는 방법을 알아본다. 아쉽게도 현재 한국에서는 일부 기능이 지원되지 않는다.

12장에서 다루는 내용은 다음과 같다.

- 템플릿 인쇄

- 인쇄를 위한 여러 페이지의 문서 디자인

- PDF 편집 및 인쇄

- 캔바에서 직접 인쇄

12장을 마쳤을 때 어떤 디자인이든 외부의 인쇄업체를 이용하거나 캔바를 통해 직접 인쇄를 할 수 있는 템플릿 설정, PDF 업로드와 편집 그리고 인쇄를 위한 여러 페이지를 만들 수 있게 될 것이다.

템플릿 인쇄

캔바는 바로 사용할 수 있게 사전에 준비된 템플릿 또는 어떤 종류의 비즈니스에든 맞출 수 있는 맞춤형 템플릿 등 다양한 크기의 템플릿을 지원한다. 하지만 대부분 추가 설정이 필요하기 때문에 디자인을 시작하기 전에 정확한 크기를 결정하는 것이 중요하다.

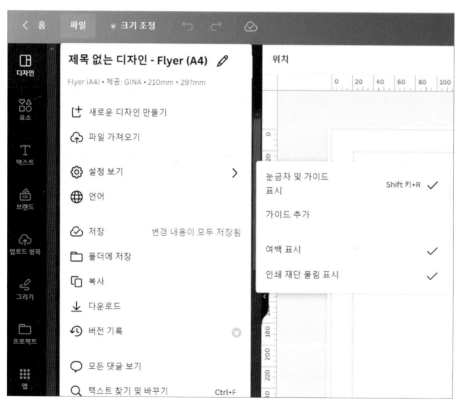

그림 12.1 눈금자, 여백, 재단 물림 옵션

몇 개의 템플릿 크기 예제가 있으니 살펴보고 인쇄에 사용해보자.

사업자의 경우 마케팅 수단을 만드는 것은 일상적인 업무의 중요 목록이지만 다음과 같이 집에서도 인쇄할 수 있는 디자인을 만들 수 있다.

- 전단지(세로 방향)

- 명함

- 브로슈어

- 정보 소식지

- 인포그래픽

- 초대장과 카드

이런 옵션은 수천 개는 아니라도 수백 개의 템플릿이 편집하고 사용할 수 있게 준비돼 있다. 이 디자인들은 여백과 재단 물림이 통합돼 있으므로 여백과 재단 물림이 무엇인지 좀 더 상세히 살펴본다.

여백

여백 보기 설정이 활성화돼 있을 때 템플릿 주변으로 희미한 점선을 볼 수 있고, 모든 정보는 이 점선 안에 위치한다. 이는 중요한 내용이 인쇄 단계에서 잘리지 않게 보증한다.

그림 12.2 여백 점선

디자인에 필수라고 생각되는 텍스트 상자, 이미지, 요소를 포함한다. 인쇄 작업의 오차 범위를 지정한 것이다.

재단 물림

재단 물림은 템플릿 주변의 두 번째 점선이다. 이것이 원래의 테두리다. 캔바는 디자인 주변이 하얗게 인쇄되거나 이미지, 색상, 요소가 가장자리로 확장되는 것을 막고자 일반적으로 템플릿의 크기를 3mm 늘린다.

그림 12.3 재단 물림을 위한 이미지 겹침

디자인을 만들고 정보를 여백 안으로 위치시킨 후 이미지나 요소가 재단 물림에 겹치지 않게 했다면 인쇄할 준비가 됐다. 이제 공유 버튼을 누르면 다운로드 버튼이 나타난다. 2개의 PDF 탭이 있다. 인쇄를 위해서는 PDF 인쇄 탭이 가장 좋다. 이는 고품질로 인쇄할 수 있게 300DPI를 보장한다. PDF **표준** 탭은 96DPI이고, 인쇄업체는 항상 고품질 300DPI 문서를 요구한다.

그림 12.4 PDF 인쇄 드롭다운

PDF 인쇄를 선택했다면 이제 더 많은 옵션을 볼 수 있다. 여기서 재단선 및 재단 물림과 PDF 병합 옵션을 선택할 수 있다.

그림 12.5 인쇄 옵션

재단선 및 재단 물림과 PDF 병합에 대해서는 9장에서 살펴봤지만 여기에서 이 기능들에 대해 더 자세히 알아본다.

재단선 및 재단 물림

재단선 및 재단 물림을 추가하면 인쇄할 때 디자인이 어디서 잘리는지 보여준다. 각 모서리에 작은 선과 얇고 하얀 테두리를 볼 수 있다.

그림 12.6 재단선 및 재단 물림

이것은 완성된 인쇄물에는 표시되지 않는다. 프린트가 사용하는 것이다.

PDF 병합

PDF를 병합한다는 의미는 디자인 내의 이미지, 색상 블록, 텍스트 상자 등의 모든 요소를 하나로 합한다는 의미다. 효과적으로 묶여 하나의 요소가 되는 것이다. 캔바 디자인을 생성할 때 추가한 모든 요소는 분리돼 있다. 따라서 그 것들을 이동시키거나 크기를 변경하거나 움직이게 하는 등의 작업을 할 수 있다. 하지만 인쇄에 있어서는 합쳐진 것이 가장 좋다. 이로써 인쇄 단계에서 일관된 색상을 유지하기 좋다.

색상 프로필

드롭다운의 다음 부분은 재단선 및 재단 물림과 PDF 병합 아래의 색상 프로필 설정이다. 여기서 디자인을 어떻게 다운로드하고 싶은지에 따라 RGB 또는 CMYK를 선택할 수 있다. 이 문서를 인쇄할 계획이라면 프린트에서 사용되며 우선적인 옵션인 CMYK 옵션을 선택한다. RGB를 사용해 인쇄하면 화면으로 보이는 색상과는 다른 색으로 인쇄될 수 있어 결과물이 의도했던 것과 다를 수 있다. 색상이 CMYK를 사용하는 것만큼 선명하지 않다. 하지만 온라인에서만 사용하거나 디지털 제품에 사용한다면 RGB 옵션이 적당한 선택이다.

그림 12.7 RGB와 CMYK 인쇄 옵션

옵션을 검토하고 선택했다면 이제 다운로드를 클릭하고 디자인은 인쇄할 준비를 마쳤다.

하지만 캔바에서 인쇄할 수 있는 여러 페이지의 디자인을 만들 계획이라면 알아야 할 2가지 포인트가 있다. 이어서 알아보자.

인쇄를 위한 여러 페이지의 문서 디자인

캔바에서 여러 페이지의 디자인을 만들 때 많은 페이지가 같거나 비슷하고 어쩌면 사용한 이미지나 제목만 변할 수 있다. 예를 들어 잡지의 대다수 페이지는 비슷하게 보인다. 이런 종류의 디자인을 만들 때 대표 페이지 만들기에 집중한 후 이를 필요한 만큼 여러 번 복제해 레이아웃 묶음을 가질 수 있다. 그 후 각 페이지의 제목, 이미지, 정보를 검토하고 편집할 수 있다.

복제하려는 페이지의 상단 우측 모서리의 페이지 복제 옵션을 사용한다.

그림 12.8 페이지 복제 옵션

이 기능으로 많은 시간을 아낄 수 있고 디자인을 더욱 일관성 있으며 전문적으로 보이게 할 것이다.

또한 캔바는 각 디자인의 페이지 제한이 있고 현재 200으로 설정돼 있다. 이보다 더 큰 디자인을 만들고 있다면 디자인을 새로운 템플릿으로 복사해 2개의 같은 템플릿을 가진다. 첫 번째 디자인을 복제해 페이지의 레이아웃, 브랜드, 스타일을 같게 유지한다. 그리고 두 번째 템플릿을 첫 번째 템플릿과 맞게 편집해야 한다. 예를 들어 페이지 번호를 붙였다면 첫 번째 문서는 200까지만 붙일 수 있고 다음으로 두 번째 문서는 201부터 시작할 것이다. 이런 방법으로 디자인의 끝까지 계속해야 한다.

하지만 여기서 또 다른 문제가 발생할 수 있다. 하나로 합해야 할 2개의 문서가 있고 책으로 만들고자 인쇄 또는 출판사 전송을 준비 중이라고 하자. 불행히도 캔바에서 해결할 수 없으므로 이를 결합할 수 있는 외부 플랫폼을 찾아야 한다.

현재 두 문서를 PDF 인쇄 옵션을 사용하고 재단 물림 표시, 재단선 및 재단 물림, PDF 병합 옵션을 포함해 다운로드한다. 그리고 PDF 병합 사이트를 사용할 수 있다. 몇 개의 사이트가 있고 다음은 내가 추천하는 일부 사이트다.

- https://www.pdf-merge.com/
- https://www.ilovepdf.com/merge_pdf
- https://www.sodapdf.com/pdf-merge/

이 사이트들은 PDF 문서를 하나의 파일로 통합하고자 무료로 사용할 수 있다.

캔바에서 PDF로 다운로드 기능은 판촉 전단지를 만들거나 심지어 노트북, 잡지, 책 등 전문 분야를 기반으로 하는 큰 프로젝트에 관심이 있는 사람에게 매우 유용하다. 하지만 PDF를 캔바에 업로드해 완전하게 편집하는 것도 가능하다. 어떻게 할 수 있는지 살펴본다.

⚏ PDF 편집과 인쇄

PDF를 편집하는 것은 종종 필요한 아주 멋진 기능이다. 이미 몇 개의 포스터를 가진 고객이 있었고, 모든 포스터는 PDF였다. 고객은 그 디자인을 매우 마음에 들어 했지만 날짜와 시간을 변경해야 다시 사용할 수 있었다. 이 디자인들을 캔바에 업로드해 편집할 수 있는 캔바 디자인으로 변경했고, 이후 간단하게 정보를 변경한 후 필요할 때 사용할 수 있게 PDF로 다운로드했다. 이것이 바로 이 기능의 목적이다.

PDF 업로드 항목 영역을 찾으려면 상단의 디자인 만들기 탭을 클릭한다. 그러면 드롭다운의 가장 아래쪽에 3개의 옵션이 있다.

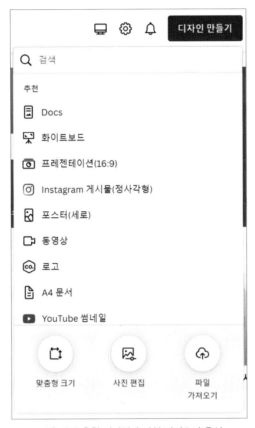

그림 12.9 추천 디자인과 파일 가져오기 옵션

이 예제는 오른쪽의 파일 가져오기 옵션을 사용한다. 옵션을 클릭하면 컴퓨터의 문서 파일을 열고 PDF 파일을 찾아 선택한다. 다음으로 캔바로 가져오고 일반적인 캔바 디자인으로 변환할 것이다.

파일 가져오는 중
보기

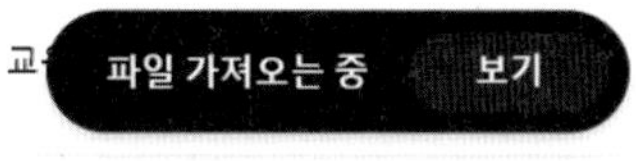

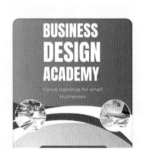

그림 12.10 파일 가져오기 공지

가져온 파일이 바로 열리지는 않을 것이다. 최근 디자인 영역으로 가면 가장 앞에서 찾을 수 있다.

최근 디자인
BUSINESS
DESIGN
ACADEMY
Canva trainings for small businesses
Business.pdf
Design

그림 12.11 업로드한 PDF 문서

클릭해서 파일을 열면 이제 전체를 편집할 수 있는 PDF다. 모든 텍스트 상자를 수정할 수 있고 이미지를 제거하거나 바꿀 수 있고 모든 요소를 수정할 수 있다. 또한 원할 때 새로운 콘텐츠를 추가할 수 있다. 이 글을 쓰고 있는 시점에 복잡한 PDF는 정확하게 변환되지 않을 수 있고 원본 PDF와 다르게 보일 수 있다. 하지만 캔바는 업데이트를 잘하므로 나중에는 더욱 나아질 것이다.

PDF 편집을 마쳤다면 일반적인 다운로드 옵션으로 PNG, PDF, 동영상 파일로 다운로드할 수 있다.

이제 캔바의 기능 중 하나인 인쇄에 대해 알아본다. 캔바에서 직접 상품을 인쇄할 수 있는 기능이다.

⁂ 캔바에서 직접 인쇄

캔바는 인쇄 가능한 제품의 목록이 있고 디자인을 만든 후 이를 제품에 인쇄하고 캔바에서 자체적으로 발송할 수 있다.

더 많은 기능과 인쇄 제품을 추가해 더 크고 좋아질 것이다.

자신의 디자인을 인쇄할 수 있는 아이템 중 일부를 살펴보자. 왼쪽 메뉴의 **템플릿** 탭을 살펴보고 **맞춤 인쇄**를 선택한다.

그림 12.12 맞춤 인쇄 제품

다양한 제품 종류의 하위 메뉴가 열린다. 여기서 티셔츠, 머그잔, 레이블, 후드 등 인쇄하고 싶은 것을 선택할 수 있다.

그림 12.13 인쇄 가능한 다양한 제품

선택하면 제품에 적합한 다양한 템플릿 디자인을 볼 수 있고 처음부터 직접 디자인하고 싶다면 페이지의 첫 번째 옵션을 선택할 수 있다.

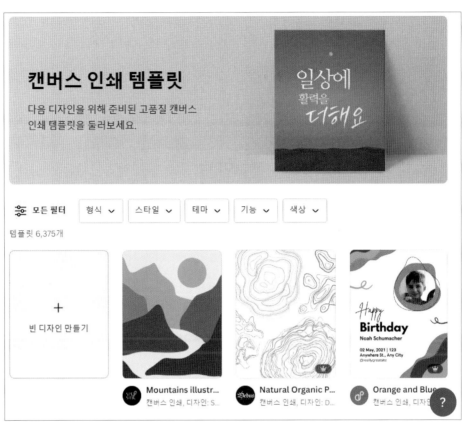

그림 12.14 인쇄를 위한 템플릿 옵션

캔바로 디자인을 만들고 제품에 인쇄하는 또 다른 방법은 디자인 생성부터 시
작하는 것이다. 다음 화면과 드롭다운에서 Print your design 옵션을 선택해야
하지만 아쉽게도 현재 국내에서는 지원되지 않고 있어 해당 옵션이 보이지 않
는다.

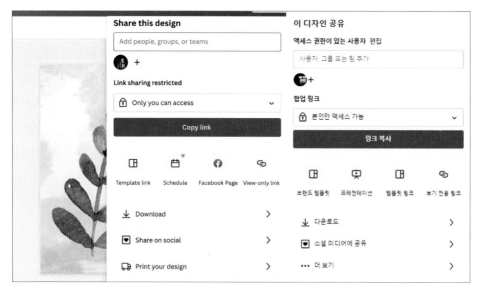

그림 12.15 Print your design 버튼(국내에서는 확인할 수 없음)

Print your design 버튼으로 디자인을 인쇄하는 방법을 살펴보자.

가장 먼저 드롭다운으로 다양한 제품을 볼 수 있다. 여기서 인쇄할 수 있는 아이템의 종류가 많다. 예를 들어 컵받침, 스티커, 노트, 에코백 등이 있다.

이는 물리적인 아이템으로, 인쇄하기에 좋은 옵션이다.

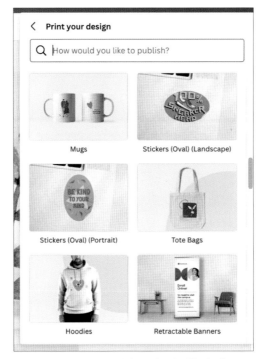

그림 12.16 추가 인쇄 제품(국내 지원 안 됨)

디자인을 스웨터에 인쇄하고 싶다고 하자. 캔바는 자동으로 디자인을 스웨터에 맞게 크기를 조절한 후 제품에 따라 적절한 옵션을 보여준다. 이 경우에는 크기와 색상이다.

또한 옷의 앞면 또는 뒷면에 인쇄됐을 때 어떻게 보일지 볼 수 있고 선택할 수 있다.

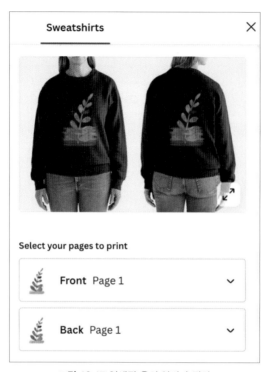

그림 12.17 인쇄된 옷의 앞면과 뒷면

디자인의 배경을 투명하게 만들어 주위의 사각형 모형을 없애고 싶다면 배경을 흰색으로 남겨 둔다. 색상이나 이미지를 배경에 추가하면 템플릿의 모형이 표시된다.

그림 12.18 디자인에 배경을 추가했을 경우의 인쇄 모습

앞면 또는 뒷면의 디자인을 선택했다면 아래로 스크롤해 크기와 색상 옵션을 확인한다. 옷의 경우 검은색, 회색, 남색의 3가지 색상에서 선택할 수 있다.

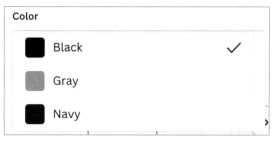

그림 12.19 인쇄할 옷의 색상 선택

다음은 크기다. S부터 XXL까지 선택할 수 있고 각 옵션에서 크기가 몇 센티미터 인지 확인할 수 있으므로 맞는지 측정해볼 수 있다.

그림 12.20 인쇄할 옷의 크기 선택

마지막은 가격이다. 같은 아이템을 더 많이 구입할수록 가격이 낮아진다. 이 예제 디자인은 양면 스웨터 기준이고 단면 스웨터보다 4파운드 이상 비싸다.

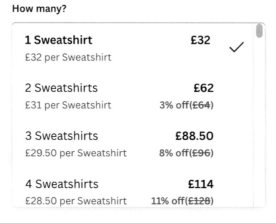

그림 12.21 인쇄된 옷의 가격 체계

거주 중인 국가에 따라 통화의 배송 시간이 결정된다. 예제 화면은 내가 있는 영국 기준의 배송 옵션이다. 항상 무료 배송 옵션이 있고 과금이 되는 빠른 옵션이 있다. 며칠을 기다릴 수 있다면 무료 옵션을 선택한다. 종종 예상보다 일찍 도착하기도 한다.

배송 받을 주소를 입력하고 계속을 클릭한다. 그러면 주문 및 배송지에 대한 확인 요청이 있을 것이다.

직접 디자인한 제품을 만든 것을 축하한다.

⠿ 요약

이 책을 통해 환상적인 여행을 했다. 12장에서는 빈 템플릿에 인쇄를 위한 설정 방법과 재단선, 재단 물림, 여백이 무엇인지 그리고 디자인에 어떻게 추가하는지 살펴봤다. PDF를 통합하는 방법과 기존 PDF를 업로드하고 편집할 수 있는 문서로 바꾸는 방법을 살펴봤고 여러 페이지의 문서를 생성하고 캔바로 인쇄하는 방법을 알아봤다. 아쉽게도 국내에서는 지원되지 않지만 제품에 직접 인쇄하는 방법도 살펴봤다.

캔바 초보자에서 벗어나 캔바를 설정하고 캔바에 대한 모든 것을 배워 캔바 전문가가 됐다. 그리고 많은 디자인, 동영상, 프레젠테이션을 생성할 수 있게 됐다.

축하한다.

| 찾아보기 |

캔바로 만드는 나만의 브랜드

비즈니스를 위한 효과적인 브랜딩, 마케팅, 소셜 콘텐츠 제작

발 행 | 2023년 10월 30일

옮긴이 | 이 지 은
지은이 | 로라 굿셀

펴낸이 | 권 성 준
편집장 | 황 영 주
편 집 | 김 진 아
　　　　임 지 원
　　　　김 은 비
디자인 | 윤 서 빈

에이콘출판주식회사
서울특별시 양천구 국회대로 287 (목동)
전화 02-2653-7600, 팩스 02-2653-0433
www.acornpub.co.kr / editor@acornpub.co.kr

책값은 뒤표지에 있습니다.